HELYNTION Y CARDI

YSGRIFAU AR HANES CEREDIGION

GERALD MORGAN

CYMDEITHAS LYFRAU CEREDIGION GYF.

Argraffiad cyntaf: Tachwedd 1997

Hawlfraint yr argraffiad:
Cymdeithas Lyfrau Ceredigion Gyf © 1997
Hawlfraint y testun:
Gerald Morgan © 1997

ISBN 0 948930 74 8

Dymuna'r cyhoeddwyr gydnabod cymorth
Adrannau Cyngor Llyfrau Cymru.

Cysodwyd ac argraffwyd gan Wasg Gomer,
Llandysul, Ceredigion SA44 4BQ.

Cyhoeddwyd gan Gymdeithas Lyfrau Ceredigion Gyf.,
Llawr Uchaf, Bryn Awel, Y Stryd Fawr,
Aberystwyth SY23 1DR.

CYNNWYS

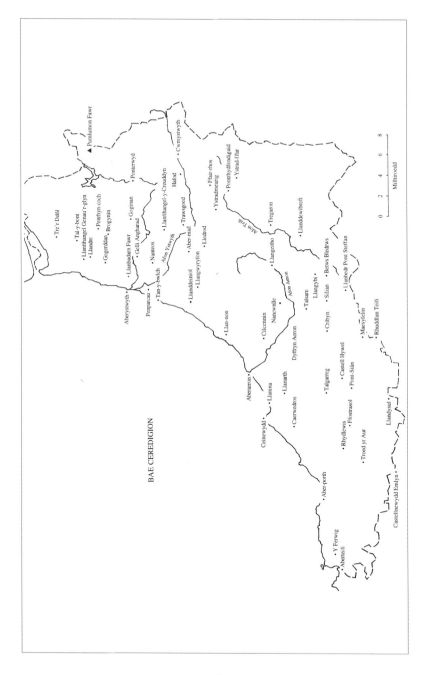

BAE CEREDIGION

Pumlumon Fawr

Tre'r Ddôl
Tai-y-bont
Llanfihangel Genau'r-glyn
Llandre
Gogerddan · Brogynin
Penrhyn-coch
Cwmystwyth

Aberystwyth
Llanbadarn Fawr
Gelli Angharad
Goginan
Ponterwyd

Penparcau
Nanteos
Llanfihangel-y-Creuddyn
Hafod

Tan-y-bwlch
Afon Ystwyth
Trawsgoed

Llanddeiniol
Aber-mad

Llangwyryfon
Llecrhyd

Ffair-rhos
Ystradmeurig

Pontrhydfendigaid
Ystrad-fflur

Afon Teifi

Tregaron
Llangeitho
Llanddewibrefi

Llan-non
Cilcennin
Nancwille
Afon Aeron
Talsarn
Llangybi
Betws Bledrws

Crithyn
Silian
Llanbedr Pont Steffan

Aberaeron
Llanarth
Dyffryn Aeron
Talgarreg
Castell Hywel
Pont-Siân
Maesyfelin
Rhuddlan Teifi

Ceinewydd
Llannina
Caerwedros
Rhydlewis
Ffostrasol
Llandysul

Aber-porth
Troed yr Aur

Y Ferwig
Aberteifi
Castellnewydd Emlyn

0   2   4   6   8
Milltiroedd

vi

RHESTR LLUNIAU

Cyflwynir y llyfr hwn
i'r Athro Walford Davies
a'm holl gyd-weithwyr
yn yr Adran Addysg Barhaus,
Prifysgol Cymru, Aberystwyth

RHAGAIR

Yn dilyn y croeso a gafodd *Cyfoeth y Cardi*, gobeithio y bydd yr ail gyfrol hon o ysgrifau yn plesio darllenwyr yng Ngheredigion a thu hwnt. Cefais bleser eithriadol wrth chwilota, neu (yn achos un bennod) yn defnyddio ymchwil gan eraill. Diolch cynnes i Dr Evan James a Mrs Auronwy James am eu cefnogaeth, eu cymorth a'u diddordeb, i staff Llyfrgell Genedlaethol Cymru, Llyfrgell Ceredigion, a Swyddfa Cofnodion Ceredigion. Diolch hefyd i Dylan Williams a Chymdeithas Lyfrau Ceredigion. Yr wyf yn gwerthfawrogi'n arbennig ddiddordeb a chefnogaeth aelodau'r dosbarthiadau allanol y bûm yn gwyntyllu llawer o'r defnyddiau hyn ynddynt.

Yr wyf yn dal heb ddatrys problem sillafiad enwau'r cymeriadau yr adroddir eu hanes yn y llyfr hwn. Anelais at gysondeb, ond gwn i mi fethu droeon. Nid anghyffelyb yw problem y mynegai; anelais at gysondeb, ond gwn . . .

GERALD MORGAN
Aberystwyth

PENNOD 1

HELYNTION CADWGAN A BRWYDR ANTARON

Gwlad heddychlon yw Ceredigion heddiw, ac felly y bu ers canrif-oedd, heblaw am ambell reiat, megis yn Aberystwyth yn 1795, a Rhyfel y Sais Bach yn y ganrif ddiwethaf, rhyfel nas lladdwyd neb ynddo. Ond pur wahanol oedd hanes y fro yn y cyfnod erchyll hwnnw o 1073 ymlaen, pan fu'r Normaniaid yn lledu tân a chleddyf trwy'r wlad, a phan fu Cymro'n ymrafael â Chymro am y llaw uchaf. Mae'n wir nad y Normaniaid oedd y cyntaf i ddychryn y fro. Ers dwy ganrif, o dro i dro, bu eu cefnderoedd y Northmyn yn dod o'r môr gan losgi a rheibio. Ond bellach deuai'r gelyn, nid o'r môr gorllewinol, ond dros y tir o'r gogledd, y dwyrain a'r de. Ys dywed *Brut y Tywysogion*, yn swta iawn:

1073 Ac yna y diffeithiodd y Ffreinc Geredigion a Dyfed.

1074 Yna yr ailwaith y diffeithiodd y Ffreinc Geredigion.

Bu saib wedyn, hyd y gwyddom, ond yn 1093 daeth y Normaniaid eto, gan godi cestyll a gwthio pobl o'u tiroedd. Yn Llanbadarn Fawr gwelodd yr ysgolhaig mawr, Rhygyfarch ap Sulien, y llanastr, a galarodd dros ei fro mewn cerdd Ladin sy'n llawn ing a gwewyr:

Pam na lwnc y ddaear ni, pam na'n traflyncir gan y môr?
Nid oes dim o werth heddiw – cyfraith, dysg,
enwogrwydd na bonedd uchel, anrhydedd gysefin, cyfoeth,
addysg, addoliad, henaint – taflwyd y cyfan i'r baw.

1

Gwawdir clerigwr a'i braidd mewn meddwl, gair a gweithred
gan ddynion Ffrainc. Dianc sy'n amhosibl; amhosibl aros.
Condemnir y gwychaf i lafur caeth; cwympodd balchder y
    cedyrn,
y mae tristwch yn y neuadd ac ymhlith y teulu.
Nid oes ymhyfrydwch mewn epil, gan na fydd etifeddiaeth . . .

Dyna ran yn unig, mewn cyfieithiad rhyddieithol, o'r gerdd syfrdanol
hon. Bu farw Rhygyfarch yn 1099, ac nid oedd y dioddef ond
megis dechrau. Nid wyf yn bwriadu olrhain holl hanes y rhyfeloedd
a ysgubai yn ôl ac ymlaen trwy Geredigion hyd 1283, dim ond
dewis dwy stori o'r cyfnod a'r ddwy'n dod o'r un ffynhonnell, sef
Brut y Tywysogion.

O'r holl dywysogion ac arglwyddi a geisiodd sicrhau rheolaeth ar
Geredigion, ni fu neb yn fwy helbulus ei hanes na Cadwgan ap
Bleddyn a'i fab Owain ap Cadwgan. Nid Cardis mohonynt, ac nid
Cardi chwaith oedd y ddynes oedd yn barod i aberthu cymaint er
mwyn Owain, sef Nest ferch Rhys; ond Ceredigion oedd y llwyfan
lle y cynhyrchwyd sawl act o ddrama'r tywysogion ysgyfala hyn.

    Mab brenin Powys, Bleddyn ap Cynfyn, oedd Cadwgan, ac yr
oedd yn aderyn y ddrycin yng nghanol stormydd gwleidyddol
Cymru ddiwedd yr unfed ganrif ar ddeg. Mor niferus oedd meibion
Bleddyn, yn gyfreithlon ac yn blant llwyn a pherth, fel y pender-
fynodd Cadwgan a dau o'i frodyr geisio creu arglwyddiaethau
newydd iddynt eu hunain yn Neheubarth. Ni waeth gan y tri brawd
fod brenin Deheubarth, Rhys ap Tewdwr, wedi priodi eu cyfnither
Gwladus; ymosodasant arno yn 1088, a gyrru Rhys ar ffo. Ond
dychwelodd Rhys yn fuan â chymorth o Iwerddon, a threchu'r
Powysion, gan ladd dau frawd Cadwgan.

    Ond yr oedd Cadwgan yn oroeswr wrth reddf. Er mwyn diogelu
ei gefn, priododd ferch un o arglwyddi Normanaidd y Mers, ac
ymunodd yng ngwrthryfel aflwyddiannus arglwyddi Lloegr yn

erbyn y brenin amhoblogaidd Gwilym Goch yn 1094. Yn 1098 ymunodd Cadwgan â thywysog Gwynedd, Gruffydd ap Cynan, yn erbyn arglwyddi'r Mers, ond gyrrwyd y ddau yn alltudion i Iwerddon. Serch hynny, ni pheidiodd ffawd â gwenu ar Cadwgan, a phan ddychwelodd i Gymru y flwyddyn wedyn, cafodd groeso eithriadol o hael gan yr iarll Robert o Amwythig, a roes ei gyfran o Bowys *a Cheredigion* oll i'r Cymro i'w lywodraethu. Ymddengys hyn yn annisgwyl, ond gwyddai Robert na allai lywodraethu Ceredigion yn uniongyrchol o Amwythig bell, a gallai defnyddio dirprwy Cymreig fod yn fanteisiol. Profodd Cadwgan yn ffyddlon. Pan wrthryfelodd Robert yn erbyn y brenin Harri I yn 1102, cefnogodd Cadwgan ef, ond er hynny, pan fethodd Robert yn ei ymgais, cadwodd Cadwgan ei diroedd ar law y brenin. Yr oedd ei allu i oroesi pob argyfwng yn syfrdanol.

Hyd yn hyn bu gyrfa Cadwgan yn wyrthiol o ffodus; yr oedd wedi herio ffawd droeon, ac wedi dianc yn gwbl ddianaf bob tro. Wedi helynt 1102, ni wyddom ddim amdano am gyfnod, a rhaid tybio ei fod wedi llwyddo i gadw ei ddwylo'n lân a'i ddwy arglwyddiaeth yn ddiogel. Ond yr oedd wedi cenhedlu mab, sef Owain, a oedd yn fwy parod hyd yn oed na'i dad i hedfan i ganol y fflamau. Yn 1109 cynhaliodd Cadwgan wledd Nadolig, a gwahodd-odd ei fab i ddod yno o Bowys. Mae'n bur debyg mai yng Ngheredigion yr oedd y wledd, ond ni wyddom ymhle. Yn y wledd honno fe drawyd Owain gan daranfollt – gwelodd Nest, merch hardd Rhys ap Tewdwr, hen elyn Cadwgan. Yr oedd Nest yn perthyn i Owain, gan fod ei dad ef a'i mam hi'n gefnderoedd. Y mae stori'r helynt sy'n dilyn yn adnabyddus, ond yn werth ei hailadrodd.

Yr oedd Nest eisoes yn briod â Gerald de Windsor, a oedd yn rhinwedd ei swydd fel ceidwad castell Penfro yn un o ddynion mwyaf pwerus De Cymru. Mae'n bur debyg bod Nest yn hŷn o dipyn nag Owain, ac yr oedd eisoes yn fam i nifer o blant gan ei gŵr, ac yn fam i blentyn gordderch Harri I, brenin Lloegr. Ni fennai hyn oll ddim ar Owain. Yn ôl y croniclydd, yr oedd Nest gyda'i gŵr yng nghastell Cenarth Bychan ar y pryd. Ni wyddom leoliad y castell hwn, ond yr oedd rywle yng ngogledd Penfro, nid nepell o ffiniau Ceredigion. Beth bynnag, 'o anogaeth Duw', yn ôl ymadrodd annisgwyl y croniclydd mynachaidd, aeth Owain gydag ychydig o'i gyfeillion i ymweld â'i gyfyrder brydferth.

Yr oedd yr ymweliad cyntaf yn barchus a diffwdan, ond cynhyrfu nwydau Owain a wnaeth yr achlysur, ac nid eu hoeri. Dychwelodd i'r castell liw nos gyda phedwar ar ddeg o gymdeithion, a gwneud 'clawdd dan y trothwy yn ddirgel heb wybod i geidweid y castell'. Yna, medd y croniclydd:

> y daeth o hyd i'r ystafell yr oedd Gerald a Nest ei wraig ynddi yn cysgu. A dodi gawr [= rhoi gwaedd] yng nghylch yr ystafell lle'r oedd Gerald, a chynneu taprau [= canhwyllau neu ffaglau] a thân yn y tai i'w llosgi.

Y mae'r croniclydd yn adrodd y stori fel pe buasai'n bresennol.[1] Deffrodd Gerald pan glywodd y waedd, heb wybod beth a wnâi:

> Ac yna y dywedodd Nest wrtho, 'Na ddos allan trwy'r drws, canys yno y mae dy elynion yn d'aros, namyn tyrd ar f'ôl i.' A hynny a wnaeth efe, a hi a'i arweiniodd hyd y geudy oedd yn gysylltiedig wrth yr ystafell, ac yno, fe ddywedir, trwy dwll y geudy y dihangodd.

Nid oedd dianc trwy'r geudy'n weddus i arglwyddes; yr oedd yn rhaid achub bywyd ei gŵr, ond yr oedd hi'n amlwg bod yn well gan Nest ddioddef tynged waeth na marwolaeth ar law dyn ifanc nwydwyllt na'i maeddu ei hun yn y baw. Mewn geiriau sy'n dwyn

---

[1] Rhoes yr ysgolhaig Americanaidd Dr John Bollard ddarlith yn Aberystwyth yn 1994 yn awgrymu mai 'Mabinogi Owain ap Cadwgan' oedd y stori hon; fod y croniclydd yn defnyddio holl ddulliau'r cyfarwydd, megis ymddiddan a hiwmor, i gryfhau'r hanes. Sylwer hefyd ar yr adleisiau Beiblaidd yn y dyfyniadau.

tinc o gabledd, gwaeddodd Nest ar Owain: 'Beth a lefwch chi yn ofer? Nid ydyw yma y neb a geisiwch.' Chwiliodd Owain yn ofer am Gerald cyn cipio Nest a'i phlant i ffwrdd, gan anrheithio a llosgi'r castell.

Bellach yr oedd llaw pob dyn yn erbyn Owain. Yr oedd ei dad, Cadwgan, wedi ei ddychryn, a cheisiodd berswadio'i fab i ildio Nest i'w gŵr. Gwrthododd Owain, a mynnai'r croniclydd fod Nest mor fodlon ar ei chariad newydd nes iddi awgrymu iddo, os dymunai ei chadw gydag ef, y dylai yrru'r plant yn ôl at eu tad Gerald, a hynny a wnaeth. Nid Gerald yn unig oedd wedi ei gynhyrfu gan weithred Owain, ond y brenin Harri ei hun. Gwysiodd ei stiward yn Amwythig, Richard esgob Llundain, rai o berthnasau Owain ato a'u siarsio, naill ai i ddal Owain *a'i dad*, neu eu gyrru o'u gwlad, sef Ceredigion. Disgynnodd byddin ddialgar ar Geredigion, a ffodd y trigolion i bob cyfeiriad. Ond nid oedd lwc wedi troi cefn ar Owain a Chadwgan; ffoesant i ogledd Ceredigion a chael yno long oedd newydd ddod â nwyddau o Iwerddon. Rhaid tybio nad aeth Nest gydag Owain, ond dychwelyd at ei gŵr.

Arhosodd Owain yn Iwerddon am ychydig, ond sleifiodd Cadwgan yn ôl i Bowys, bro ei eni. Am ychydig bu'n dlawd arno, ond yna gwenodd ffortiwn arno unwaith eto; cymodwyd ef â'r brenin Harri ac adferwyd Ceredigion iddo, ar yr amod ei fod yn talu canpunt o ddirwy (swm sylweddol iawn) ac yn addo torri pob cysylltiad â'i fab drygionus. Ond yn y flwyddyn ganlynol, 1110, yr oedd Owain yn ei ôl, nid yng Ngheredigion ond ym Mhowys y tro hwn. Dymunai gymodi â'r brenin, ond ni feiddiai neb gario'i neges i'r llys rhag ofn cynddaredd Harri I. Am gyfnod bu Owain ar herw ym Mhowys a Meirionnydd, ond croesodd afon Dyfi a galw ynfydion Ceredigion ato, chwedl y *Brut*, gan gipio pobl a'u gwerthu'n gaethion, lladd a llosgi, ac wedyn dianc yn ôl unwaith eto i Iwerddon.

Digiodd y brenin Harri o ddifrif, a chan na allai afael yn Owain, cymerodd Geredigion oddi wrth ei dad Cadwgan, a'i rhoi i Gilbert

5

fitz Richard. Ond hyd yn oed wedyn fe ddaeth un cyfle olaf i Cadwgan. Oherwydd rhyfel erchyll rhwng tywysogion Powys, rhoes y brenin y wlad honno yn ôl i Cadwgan, ond bu hwnnw farw ar law ei nai ei hun, Madog ap Rhirid. Byddai dyn yn tybio na fyddai'r brenin byth wedi maddau i Owain ei holl dramgwyddau, ond hyd yn oed cyn marw Cadwgan yr oedd cymod wedi ei drefnu, a phan fu farw Cadwgan, gosododd Harri Owain ym Mhowys yn lle ei dad, ac o hynny ymlaen fe fu Owain yn deyrngar i'r brenin. Eto ni ellid disgwyl i'r fath ddyn farw'n dawel yn ei wely, ond cyn clywed am ei ddiwedd, rhaid troi at helynt arall, sef brwydr Antaron.

I'r un sy'n hoffi crwydro'r wlad, ond yn ffieiddio gelltydd, y mae Cymru'n anodd. Y mae tir gwastad yn brin, a phrinnach byth yw llwybrau cyhoeddus ar draws tir o'r fath. Ond y mae ger Aberystwyth rodfa braf lle nad oes rhaid dringo dim oll, a lle mae olion hanes cythryblus y fro yn weladwy i bawb. Rhaid troi yn Nhrefechan i gyfeiriad yr harbwr, dilyn y ffordd a chroesi'r bont isaf ar afon Ystwyth a dechrau cerdded ar hyd traeth Tan-y-bwlch. Ar y chwith y mae caer Pendinas, brenhines ymhlith caerau Cymru, a adeiladwyd ddwy fil o flynyddoedd yn ôl trwy chwys cannoedd o ddynion a merched, heb ddefnyddio dim mwy na rhawiau pren, ceibiau o gyrn hyrddod a cheirw a basgedi o wiail i symud miloedd o dunelli o bridd a cherrig. Ar ei chopa y mae cofeb i Ddug Wellington, yn edrych fel gwn mawr yn anelu tua'r nef. Ar waelod yr allt serth, ar lan yr afon, bu unwaith felin, ond y mae ei hôl wedi diflannu'n llwyr. I'r blaen y mae llethr serth Allt-wen, ac yn ystod 30au a 40au'r ganrif ddiwethaf bu ceffylau'n tynnu cerbydau'n llawn cerrig o'r chwarel uwchben y môr ar hyd y traeth, ar gledrau, i adeiladu cei harbwr Aberystwyth. Y mae modd cerdded ar hyd Allt-wen, ei dringo, a cherdded ymlaen i Forfa Bychan, ond addewais na fyddem yn dringo.

Yn swatio yng nghysgod gogleddol Allt-wen y mae plas Tan-y-bwlch, cartref Matthew Vaughan Davies, Arglwydd Ystwyth (1841-1935). Aeth y cof am Vaughan Davies i'r cysgodion, ac nid yw hynny'n syndod. Yr oedd yn ddyn heb fawr o addysg na diwylliant, dyn a oedd yn fwy cartrefol ar gefn ceffyl yn dilyn y bytheiaid nag yn Nhŷ'r Arglwyddi. Etifeddasai stad Tan-y-bwlch gan ei dad, ond yr oedd yn landlord sâl. Bu Davies yn Geidwadwr greddfol yn ei ieuenctid, ac ymladdodd Etholiad Cyffredinol 1885 yn ofer yn erbyn David Davies, Llandinam, ond priododd weddw o Abertawe a oedd yn Rhyddfrydreg bybyr, a throdd ei got. Enillodd sedd sir Aberteifi yn 1895, ac eisteddodd yn ddistaw ar y meinciau cefn heb agor ei geg nes i Lloyd George ei ddyrchafu i Dŷ'r Arglwyddi yn 1921, yn y gobaith y byddai ei gefnogwr Ernest Evans yn cymryd ei le.[2] Ni fu'n fwy gweithgar yn Nhŷ'r Arglwyddi nag yn y lle arall!

Cyn cyrraedd hanner y ffordd ar hyd y traeth, rhaid disgyn oddi yno i lan afon Ystwyth a dilyn y llwybr ar hyd ei glannau, llwybr a elwir yn Saesneg yn Nannygoats' Walk; nis gwn paham. Yn y man hwn, mae'n siŵr, yr oedd aber gwreiddiol yr afon, ond ganrifoedd yn ôl cloddiwyd sianel newydd a throi'r afon i lifo i'r harbwr, yn y gobaith y byddai'r llif yn help i gadw ceg yr harbwr ar agor. O'n blaen y mae castell Aberystwyth. I'r anghyfarwydd, mae hwn yn osodiad rhyfedd gan y dylai castell Aberystwyth fod y tu cefn i ni. Ond castell Edward I, y dechreuwyd ei adeiladu yn 1277, yw hwnnw. Ar y bryn coediog uwchben fferm Tanycastell y mae castell cyntaf Aberystwyth, castell y mae iddo gryn hanes. Y mae'r bryn y saif y castell arno'n safle manteisiol, yn cynnig rheolaeth ar ddyffryn isaf afon Ystwyth, ac ar y ffordd naturiol o'r de i'r gogledd. Yma, yn 1110, y codwyd y castell gan arglwydd Ceredigion, Gilbert fitz Richard (a elwir hefyd yn Gilbert de Clare), y dyn a roddwyd yn lle Cadwgan ap Bleddyn i lywodraethu'r fro.

---

[2] Gw. Kenneth O. Morgan, 'Cardiganshire Politics: the Liberal Ascendancy, 1885-1923', *Ceredigion*, V, 4, tt. 311-346.

Hen gastell Aberystwyth a saif uwchben fferm Tanycastell.

Llun: Hawlfraint y Goron, Cofnod Henebion Cenedlaethol Cymru.

Y mae ymweld â'r castell yn hynod ddiddorol (gyda chaniatâd y perchennog, gan ei fod ar dir preifat), ond nid dyna'n bwriad ni yn awr; pwrpas y paragraffau hyn yw arddangos y cefndir i'r frwydr gyntaf yng Nghymru y mae gennym ddisgrifiad manwl ohoni, brwydr Antaron. Wrth edrych i fyny i safle'r castell heddiw, rhaid dychmygu bod y coed sy'n cuddio pen y bryn wedi mynd, ac yn eu lle saif castell wedi ei adeiladu o bren trwchus, a chymhlethdod o gloddiau a ffosydd o'i gwmpas, a baner Gilbert yn chwifio o'i frig. Ar y tir uchel ond gwastad rhwng y castell a'r môr yr oedd, mae'n bur debyg, bentref o gytiau pren ar gyfer dilynwyr Gilbert.

Rhaid troi'r golygon wedyn i lan ogleddol afon Ystwyth. O'r afon y mae'r tir yn codi'n raddol, a'r caeau'n dechrau diflannu dan stadau tai Penparcau. Ar ben y rhiw y mae'r ffordd o Rydyfelin yn cyfarfod â ffyrdd eraill i ffurfio'r gyffordd a elwid gynt yn Piccadilly, ger tŷ Antaron. Rywle ar hyd y llwybr lle y cerddwn yn awr yr oedd pont dros afon Ystwyth; efallai nad oedd ymhell o'r bont bresennol a ddaw o Rydyfelin heibio i gapel Gosen gan fynd ymlaen i Lanychaearn a Bryneithin.

Erbyn 1116 yr oedd Gilbert fitz Richard wedi cadarnhau ei reolaeth ar Geredigion. Codasai gastell yn Ystradpeithyll (yn ymyl Capel Dewi), ac un arall yn Ystradmeurig, heblaw am gastell ym Mlaen-porth a chastell newydd yn Aberteifi. Nid oedd yn gyfnod hawdd i'r Cymry hynny a wingai dan fygythiad yr arglwyddi Normanaidd. Wedi marwolaeth Rhys ap Tewdwr yn 1093 yr oedd Deheubarth yn deilchion, a'i feibion, Gruffydd a Hywel, yn rhy ifanc i wneud dim.

Ond llosgai ysbryd annibyniaeth ym mynwes Gruffydd ap Rhys. Ceisiodd gael lloches a chefnogaeth yng Ngwynedd gan Gruffydd ap Cynan, ond ni ddymunai hwnnw gynhyrfu llid Harri I, a bu'n rhaid iddo ffoi i seintwar Hywyn yn Aberdaron, ac oddi yno dros y môr yn ôl i'r de; o'r braidd y rhwystrwyd tywysog Gwynedd rhag torri nawdd Hywyn Sant i afael yn Gruffydd. Yn ôl yn y de, casglodd Gruffydd nifer o ddilynwyr, a chroesodd afon Teifi i Geredigion, efallai am ei fod yn deall fod Gilbert fitz Richard erbyn hyn yn ddyn claf.[3] Ymosododd Gruffydd yn gyntaf ar gastell Blaen-porth, lle'r oedd y Cymry brodorol wedi cael eu disodli gan Ffleminiaid a'u gyrru ar ffo, gweithred sy'n ein hatgoffa o ddigwyddiadau erchyll Bosnia. Bu lladd a llosgi yno, ond ni ddaeth llwyddiant parhaol i'r Cymry; serch hynny, cododd tân yng nghalonnau gwŷr y fro yn erbyn y Saeson, ac, meddai'r croniclydd, 'diffeithasant a

---

[3] Yn 1117 bu Gilbert farw 'o hir nychdod a chlefyd', medd *Brut y Tywysogion.*

lladdasant ac a'u hysbeiliasant a llosgassant (*sic*) eu tai'. Yna symudodd y criw ffyrnig tua'r gogledd, a chroesi afonydd Aeron, Ystwyth a Rheidol yn ddiwrthwynebiad. Castell Ystradpeithyll, rhwng Capel Bangor a Phenrhyn-coch, oedd eu nod, sef pencadlys Razon, stiward Gilbert fitz Richard, ac wedi iddynt drechu Razon a'i ddilynwyr, dinistriwyd y castell.

Yr oedd y digwyddiadau cyffrous hyn bellach o fewn golwg y croniclydd, oherwydd gwyddom mai yng nghlas Llanbadarn Fawr y cedwid *Brut y Tywysogion* yn ystod y cyfnod hwn. Y mae'n amlwg fod teyrngarwch y croniclydd yn rhanedig; fel Cymro, deallai'r teimladau a oedd yn cyniwair trwy'r wlad yn erbyn y goresgynwyr estron. Ond yr oedd yn gas ganddo'r lladd a'r llosgi gan y dynion ifanc penboeth, yn enwedig pan ddaethant yn fuddugoliaethus o Ystradpeithyll i Lanbadarn, dwyn gwartheg y llan, a gwneud 'anaddasrwydd yn yr eglwys'.[4]

Bellach yr oedd Razon wedi dianc o frwydr Ystradpeithyll i gastell Ystwyth 'yn grynedig rhag ofn' yn ôl y croniclydd, a gyrrodd liw nos i Ystradmeurig i gael atgyfnerthion. Bu hynny'n bosibl heb i Gruffydd a'i lu wybod beth oedd yn digwydd; byddai'r dynion o Ystradmeurig wedi dod trwy Lanilar i Rydyfelin allan o olwg y Cymry, a dreuliodd y nos yng Nglasgrug, ar ochr ddeheuol afon Rheidol. Yr oedd eu troseddau yn Llanbadarn yn ddigon i gynhyrfu bustl y croniclydd:

> Trannoeth y cyfododd Gruffydd ap Rhys a Rhydderch ap Tewdwr ei ewythr a Maredudd ac Ywain ei feibion, yn ansynhwyrus o'u pebyll heb gyweirio eu byddin ac heb osod arwyddion o'u blaen, ond mileinllyg, megis cyweithas o giwdod bobl ddigyngor heb lywiawdwr arnynt . . . hyd nes y daethant hyd yn Ystrad Antaron, a oedd gyfarwyneb â'r castell.

[4] Gw. Thomas Jones, *Brut y Tywysogion* . . . *Red Book of Hergest Version* (Caerdydd, 1955), tt. 90-94.

Eu nod, wrth gwrs, oedd cipio'r castell a'i chwalu, ond hyd yn oed yn eu cyflwr dryslyd gallai'r Cymry weld na fyddai hon yn dasg mor rhwydd ag y bu Ystradpeithyll y diwrnod cynt. Felly, meddai'r croniclydd:

> Fel yr oeddynt yn sefyll yno, megis yn gwneuthur magnelau ac yn meddwl pa ffurf y torrynt y castell, y dydd a lithrodd haeach onid oedd yn brynhawn.

Gyrrodd y Ffrancwyr saethyddion i amddiffyn y bont, gan gadw marchogion trwm-arfog yn barod i ddisgyn yr allt petai'r Cymry'n llwyddo i groesi'r bont tua'r castell. Pan welodd y Cymry'r saethyddion ar y tir agored rhwng y castell a'r bont, dyna nhw'n rhuthro am y cyntaf i gyrraedd y bont cyn y Normaniaid. Yn sydyn carlamodd un o'r marchogion trwm-arfog i lawr o'r castell, fel petai'n awyddus i hawlio'r holl glod am yrru'r Cymry yn ôl. Ond safodd y Cymry eu tir, a thorrodd y ceffyl ei fwnwgl, gan daflu'r marchog ar ei hyd ar lawr. Rhuthrodd y Cymry â phicellau i'w ladd, ond amddiffynnodd ei arfwisg haearn ef hyd nes y daeth bagad o'r Normaniaid i'w achub, gan ei godi ar ei draed, a ffoi. Pan welodd rhai o'r Cymry hyn, teimlent mai eiddynt hwy oedd y fuddugoliaeth, a rhuthrasant ar ôl y gelyn tra oedd eraill yn llusgo'u traed.

Wrth graffu o ben y bryn, gwelai Razon fod y Cymry ar chwâl. Cyrchodd ei ddynion i lawr yr allt, gan ysgubo'r Cymry o'u blaen fel dail, heb gymryd carcharorion. Ac yna, meddai'r croniclydd:

> y gwasgarwyd y giwdod bobl ar draws y gwledydd eraill o boptu, rhai a'u hanifeiliaid ganddynt, rhai eraill wedi gadael popeth namyn ceisio amddiffyn eu heneidiau, oni adewyd yr holl wlad yn ddiffaith.

Hynny yw, yr oedd y Normaniaid yn dial eu cam ar holl drigolion y fro, ac nid ar y terfysgwyr Cymreig yn unig.

Anodd yw dychmygu'r llanast erchyll wrth graffu ar y fro heddiw, lle nad oes gwaeth cynnwrf na rhuthr y ceir a'r lorïau trwy

Rydyfelin, a bwrlwm blynyddol sioe amaethyddol Aberystwyth. Yr oedd y croniclydd, mae'n siŵr, yn tybio fod y Cymry wedi cael eu haeddiant yn sgil eu hyfdra yn yr eglwys y noson cynt. Yn wir, y mae rhai ysgolheigion yn barod i awgrymu nad llygad-dyst mo'r croniclydd o gwbl, ond dyn yn ysgrifennu gryn amser wedi 1116, yn awdur naturiol a welsai ddefnydd saga yn y digwyddiadau moel y gwyddai amdanynt, a hynny mewn bro a oedd yn gyfarwydd iddo. Rhaid gofyn, er enghraifft, a fedrai'r Cymry wneud magnelau mor gynnar â 1116.

Diwedd y stori oedd i Gruffydd ap Rhys ddianc yn ôl i'w wlad ei hun, i fforestydd trwchus y Cantref Mawr. Yna ymddangosodd Owain ap Cadwgan ym mhasiant hanes am y tro olaf. Gyrrwyd ef gan y brenin Harri i geisio dal Gruffydd ap Rhys, ac unwaith eto bu Owain yn lledu gwaed a thân ymhlith y Cymry. Ond y tu allan i dref Caerfyrddin fe'i daliwyd gan ei hen elyn, Gerald de Windsor, a'i ladd. Mae'n siŵr fod Gerald wedi mwynhau dial ar y dyn a'i gwnaethai'n gwcwallt. Bu farw Gilbert yn 1117, a gadael ei fab Richard yn etifedd. Yn 1135, bron ugain mlynedd wedi brwydr Antaron, bu farw Harri I, a daeth Ceredigion eto dan lywodraeth Cymry, y tro hwn, meibion Gruffydd ap Cynan o Wynedd.

PENNOD 2

HELYNTION DAFYDD AP GWILYM

Ni wyddom fawr ddim am fywyd Dafydd ap Gwilym. Ni wyddom
ym mha flwyddyn y ganed ef, na hyd yn oed ym mha ddegawd o'r
bedwaredd ganrif ar ddeg, a dirgelwch yw blwyddyn ei farw hefyd.
Nid oes sôn amdano'n priodi nac yn cenhedlu plant siawns. Eto,
mae modd gwybod rhywfaint amdano; yn wir, gwyddom fwy
amdano ef nag am yr un bardd Cymraeg arall ymhlith ei ragflaen-
wyr a'i gyfoeswyr, heblaw, o bosibl, am y bardd-dywysog Hywel
ab Owain Gwynedd.

Fe wyddom enwau ei hynafiaid, oblegid yr oedd Dafydd yn
aelod o deulu bonheddig o Gemais, cantref gogleddol sir Benfro.[1]
Yr oedd rhai ohonynt yn feirdd, yn ôl eu henwau, beth bynnag, sef
Gwynfardd Dyfed a Chuhelyn Fardd. Yr oedd Dafydd yn fab i
Gwilym Gam a'i wraig Erdudfyl, ac yn ŵyr i Gwilym ab Einion.
Bu hen dad-cu Gwilym ab Einion, sef Gwilym ap Gwrwared, yn
dal swydd gweinyddu tiroedd y Goron yn Aberystwyth tua 1260.
Hynny yw, yr oedd hynafiaid Dafydd yn deulu a fu'n gwasanaethu
brenin Lloegr, ac wedi cefnu ar y tywysogion Cymreig. Dyma

---

[1] Ysgrifennwyd tipyn am ffeithiau bywgraffyddol prin Dafydd; gw. e.e. D. J.
Bowen, *Dafydd ap Gwilym a Dyfed* (1986); David Jenkins, *Bro Dafydd ap
Gwilym* (1992), tt. 27-48; R. Geraint Gruffydd, 'Dafydd ap Gwilym: an Outline
Biography' yn C. J. Byrne *et al* gol., *Celtic Languages and Celtic Peoples:
Proceedings of the Second North American Congress of Celtic Studies*, ed. (Halifax,
1989), tt. 425-39. Yr wyf yn defnyddio eu gwaith yn ddigywilydd yng nghwrs y
bennod hon.

fersiwn syml o'r ach a luniwyd gan Thomas Parry, ynghyd â'r dyddiadau y mae modd eu cysylltu â hwy:

Gwynfardd Dyfed
|
Cuhelyn Fardd
|
Gwrwared (*c.* 1150-70)
|
Gwilym (*c.* 1195)
|
Gwilym (*c.* 1241-67)
|
Einion Fawr (*c.* 1273-1301)
|
Gwilym (*c.* 1302-12)
|
Gwilym Gam = Ardudfyl/Erdudfyl
|
Dafydd ap Gwilym

Y mae'n bosibl mai Gwilym ap Gwrwared, yn rhinwedd ei swydd yn Aberystwyth, a sicrhaodd brydles ar dir Brogynin, ger Penrhyn-coch,[2] ac er nad yw enw Gwilym Gam, tad Dafydd, yn digwydd yn rhestri deiliaid swyddi'r Goron, yr oedd yn dal tiroedd yn Aberystwyth yn 1300, sef pedair llain o dir, digon i ddangos ei fod yn ddyn cyfoethog.[3] Ystyr y llysenw 'cam', o bosibl yw, nid 'cefn crwpa', ond 'llygad tro'. Heblaw am y tiroedd yn Aberystwyth, cawn enw Gwilym Gam droeon mewn rhestr o ddynion a merched a wysiwyd o flaen llys yn Aberystwyth yn ystod 1301/2 am fân

[2] Erbyn 1300 yr oedd tir Brogynin Fach yn eiddo mynachod Ystrad-fflur; ni lwyddais i olrhain perchenogaeth Brogynin Fawr yn bellach yn ôl na 1781, pan oedd yn eiddo 'Mr Stead'.

[3] I. J. Sanders, 'The Boroughs of Aberystwyth and Cardigan in the Early Fourteenth Century', *Bulletin of the Board of Celtic Studies*, 15 (1952-4), tt. 282-293.

droseddau, ac yno hefyd y cawn yr enw Erdudfyl.[4] Nid enwir gŵr na thad Erdudfyl, ond y mae'r enw mor brin fel y credaf mai dyma'r ferch a ddaeth yn wraig i Gwilym Gam ac yn fam i Dafydd ap Gwilym.

Er gwaethaf eu cefnogaeth gyson i goron Lloegr, rhaid bod hynafiaid Dafydd ap Gwilym wedi cysgu'n anesmwyth droeon. O 1073 ymlaen ysgubodd rhyfel trwy Geredigion, gan gyrraedd uchafbwynt yn y blynyddoedd 1277-1295; bu byddinoedd Edward I yng Ngheredigion bedair gwaith, a sŵn traed ei filwyr yn gyfarwydd echrydus. Ond erbyn plentyndod Dafydd (?1310-20) yr oedd y wlad yn dawel.

Hynny yw, yr oedd rhyfel wedi darfod, ond yr oedd mân helyntion yn dal yn gyffredin. Rhaid bod Dafydd, er iddo, yn ôl traddodiad, gartrefu ym Mrogynin, wedi treulio cryn amser yng Nghemais yng nghwmni ei ewythr, Llywelyn ap Gwilym. Yr oedd hwnnw'n gwnstabl Castellnewydd Emlyn, yn casglu trethi arglwyddiaeth Emlyn, ac yn berchen ar nifer o gartrefi yn y cyffiniau – Dôlgoch, Cryngae a Llystyn. Canodd Dafydd gywydd moliant i'w ewythr, ond bu'n rhaid iddo ganu marwnad hefyd, gan i Llywelyn gael ei lofruddio, yn 1346 efallai. O wrando ar ei rieni, ei ewythr a'i berthnasau eraill, ac o deithio de a gogledd y wlad, byddai gan Dafydd brofiad a stôr o wybodaeth am helyntion amrywiol. Ac os bu fyw heibio i'r flwyddyn 1349 (fel y tybiaf, er nad oes modd profi hynny), bu fyw trwy helynt pennaf yr Oesoedd Canol, sef y Pla Du, a drawodd Gymru yn y flwyddyn honno.

Eto, er gwaethaf llofruddiaeth, pla a rhyfel, yr helyntion a gysylltir ag enw Dafydd yw helyntion caru. A'r fath helyntion. Ceir syniad am broblemau'r bardd wrth ddarllen y teitlau a roddwyd i rai o'r cywyddau gan Thomas Parry: 'Merch gyndyn', 'Gofyn cymod', 'Merch yn edliw ei lyfrdra', 'I ddymuno boddi'r Gŵr

---

[4] Swyddfa'r Cofnodion Cyhoeddus, Llundain, SC2.215.17.

Eiddig', 'Y cariad a wrthodwyd', 'Dewis un o bedair' a'r enwog 'Trafferth mewn tafarn'. Ond y mae llawer o helyntion yn digwydd dan deitlau digon diniwed megis 'Dan y bargod', 'Y rhugl-groen' ac 'Y cwt gwyddau'. Beth wnawn ni o'r helyntion caru hyn, wrth gofio na fu'r bardd, hyd y gwyddom, yn briod nac yn dad? A oes sail i'r holl helyntion, neu a ydynt yn gynnyrch dychymyg y bardd?

Er bod beirniaid yn cydnabod gwreiddioldeb canu serch a chanu natur Dafydd, rhaid cofio bod traddodiad yn gefndir i bob dyfais a chwaeth newydd. Nid peth newydd oedd canu clodydd merched; yr oedd Hywel ab Owain Gwynedd (a ailadeiladodd Gastell Hywel yn ne Ceredigion) wedi canu'n fyw iawn am ei archwaeth at ferched Cymru, ac wedi brolio ynghylch ei lwyddiannau niferus. Yn ystod yr Oesoedd Canol, y bardd serch enwocaf trwy Ewrop oedd y Rhufeiniwr Ofydd. Yr oedd hwnnw wedi canu'n nwyfus (ac yn nwydus) yn Lladin bedair canrif ar ddeg cyn cyfnod Dafydd, a'i gerddi'n dal yn wybyddus ac yn boblogaidd yng ngorllewin Ewrop trwy'r Oesoedd Canol. Canodd ei *Ars Amatoria* (Llawlyfr Cariad), yn disgrifio'n fanwl sut i fynd ati i swyno merch a'i chael, chwedl Dafydd, rhwng y bardd a'r pared. Ac yn ei *Amores*, disgrifiodd rai o'i helyntion blin ef ei hun. Canai Ofydd am y Gŵr Eiddigeddus a'r Cwcwallt, am broblemau caru dwy yr un pryd, am freuddwydion cariad, am fethiant ei gorff i ymateb i nwyd ei gariad, ac i'r llifogydd yn yr afon a'i rhwystrai rhag cyrraedd ei gariad.

Dyna, wrth gwrs, rai o hoff themâu Dafydd ap Gwilym. Disgrifia'r triawd atgas sy'n gwasanaethu'r Gŵr Eiddig, ac sy'n ei rwystro rhag mynd at ei wraig, sef y ci glew llafarlew, y ddôr ddig, a'r wrach heinus ddolurus. Pan ddaeth Dafydd, liw nos, at gartref ei gariad, a chyrraedd y ddôr ddu:

> Neidiodd, mynnodd fy nodi [= marcio, brathu]
> Ci coch o dwlc moch i mi . . .

Wrth i'r bardd wasgu ar y drws, dyna hwnnw'n cadw sŵn uchel:

Gwaeddodd fal siarad gwyddau . . .

a'r wrach yn adrodd i ŵr y tŷ:

. . . clywn y wrach,
Coelfain oedd waeth, mewn cilfach,
Yn taeru (ponid dyrys?)
Wrth ŵr y tŷ fry ar frys,
'Mae'r dromddor yn egori . . .'

Nid oedd dewis gan Dafydd ond dianc i'r coed briglaes a maes.
Dyna'n union y math o helbul yr oedd Dafydd wedi darllen
amdano yng ngwaith Ofydd, a dysgodd ei ddatblygu yr un mor
gelfydd â'r Rhufeiniwr. Y mae nifer o'i gerddi serch yn troi o
gwmpas un thema; y mae'r bardd ar fin cyrraedd ei nod (sef cyrraedd
ei gariad a'i chael yn fodlon cydgysgu ag ef), pan ddaw rhyw
gyflafan i'w rwystro. Nid ar chwarae bach, fel y mae Dafydd yn
cydnabod, y mae cyrraedd y nod. Yn 'Taith i garu' mae'n esbonio,
â lliaws o fanylion lleol, sut y mae'n cychwyn o'i gartref ym
Mrogynin ac yn mynd i gyfeiriad Elerch. Yn nannedd y rhew, yr
eira a'r gwynt, y mae'n camu allan i chwilio am ei gariad gloyw ei
gwedd. Y mae'n bloeddio'i henw yng Ngelli Bleddyn, yn troedio
trwy afon Bysaleg ac yn mynd draw i'r Gamallt er mwyn y gwiw ei
gwallt, yn rhedeg heibio i Adail Heilin fel bytheiad blinedig. Myn,
yn haerllug iawn, ei fod yn debyg i fynach mewn cilfach côr, yn
ceisio cyfarfod â Morfudd (dyna ei henwi o'r diwedd) ond y cyfan
a gaiff yw cip arni dan fantell orddu. Er hynny, digon yw'r cipolwg
hwnnw i'w atgoffa am eu gwâl gynt dan wiail da, lle briwddail fel
llwybr Adda – hynny yw, er nad yw Morfudd ar gael mwyach, y
mae'n cofio iddynt gydorwedd yn llawen rywdro.

Y mae'r holl enwau lleoedd yn ardal Penrhyn-coch yn awgrymu'n
gryf fod Dafydd yn canu'n ffeithiol; bod yna Morfudd go iawn, ac
os Morfudd, beth am Dyddgu, beth am y ferch o Eithinfynydd, y
ferch o Is Aeron, ac eraill? Yn achos Morfudd y mae modd credu

'Tremyn ar y dyffryn da'.   *Llun: Yr awdur.*

bod cerddi Dafydd yn adlewyrchu rhyw wirionedd. Anodd iawn yw olrhain hanes merched yn y cofnodion pitw a erys o'r cyfnod, oherwydd dynion oedd yn llenwi swyddi a dynion oedd yn dal tiroedd ac yn talu trethi. Dywed Dafydd mai merch Madog Lawgam oedd Morfudd, ond ysywaeth nid yw'r enw hwn yn digwydd yn yr achau sy wedi goroesi. Ceir yr enw Morfudd yn aml yn yr achau, ond nid oes modd lleoli unrhyw un ohonynt yn ardal Penrhyn-coch neu Elerch. Ond y mae Dafydd yn crybwyll gŵr Morfudd dan lysenw, y Bwa Bach, a darganfu David Jenkins ddogfen o'r Swyddfa Cofnodion Cyhoeddus yn profi bodolaeth y dyn hwn, oherwydd yr oedd *Ebowa bachan* (= y Bwa Bychan) yn dyst i achos cyfreithiol yn Aberteifi yn 1344, achos yn ymwneud â dyn o Aberystwyth. Bu dyn o'r un enw'n swyddog yng Nghwmwd Perfedd (rhwng afonydd Clarach a Rheidol) yn 1339. Felly dyn go iawn oedd y Bwa Bach.[5]

[5] Gw. David Jenkins, *Bro Dafydd ap Gwilym* (Aberystwyth, 1992), tt. 27-48.

Eto ni ddylem ruthro i gasglu mai gordderch Dafydd oedd
Morfudd, na bod ei gŵr, y Bwa Bach (a'u cartref yng Nghwm-bwa,
Penrhyn-coch, bid siŵr) yn elyn pennaf i'r bardd yn rhith y Gŵr
Eiddigeddus. Ys dywedai'r Brawd Llwyd wrth Dafydd, truth a
lleisiau ofer (hynny yw, celwydd) yw barddoniaeth; nid dyna'r gwir
i gyd, ond y mae gwirionedd yn y gosodiad. Os derbyniwn fod
Dafydd, Morfudd a'i gŵr yn greaduriaid o gig a gwaed, ac yn byw
yn yr un ardal, yr oedd mwy nag un ffordd yn agored i'r bardd
ganu am eu sefyllfa.

Y tu cefn i ganu serch y cyfnod yr oedd syniadau amrywiol
ynghylch yr hyn y gallai serch fod, a sut i'w fynegi. Yn ôl y drefn
a elwir yn serch y llys (*amour courtois*), ni ddylid talu sylw i ferch
fonheddig nes iddi briodi, a hynny'n ifanc iawn. Wedyn, gallai gŵr
ifanc gynnig ei wasanaeth iddi, yn llythrennol trwy gyflawni
gweithredoedd a fyddai'n ei phlesio, megis gwrhydri ac antur, neu
drwy ei chanmol ar gân ac ar lafar. Ni allai ddisgwyl iddi gynnig
mwy o wobr iddo am ei ymdrechion na gwên, neu gusan diwair.

Y mae'n hawdd gweld sut y gallai delfryd o'r fath gael ei lygru;
sut y gallai gwraig ifanc a briodwyd i ŵr hŷn gael ei denu at ddyn
ifanc mwy dymunol, a sut y gallai hwnnw fanteisio ar y sefyllfa. Ai
dyna berthynas Dafydd â Morfudd? Neu a oedd y tri yn gyfeillion,
a Dafydd yn cynnig parodi o'r confensiwn llenyddol i ddiddanu ei
ffrindiau a'r gymdogaeth? Awgrymwyd hyn gan Saunders Lewis,[6] a
beth allai fod yn fwy gogleisiol na bod y tri, gyda'u cymdogion, yn
chwerthin yn llawen wrth i Dafydd ddisgrifio sut y safai yn y glaw
dan fargod Cwm-bwa, yn disgwyl yn eiddgar ond yn ofer i
Morfudd agor y drws iddo:

Aml yw rhëydr o'r bargawd
Ermyg nwyf, ar y mau gnawd . . .

---

[6] Saunders Lewis, *Meistri'r Canrifoedd*, gol. R. Geraint Gruffydd (Caerdydd, 1973), tt. 52-53.

ac yn defnyddio gormodiaith hwyliog wrth ddychmygu'r sefyllfa:

> Ni bu'n y Gaer yn Arfon
> Geol waeth no'r heol hon.

Byddai hiwmor y sefyllfa honno gymaint yn fwy eironig na'r ffars gymharol syml a ddisgrifiodd Dafydd mor gelfydd yn y traethodl 'Trafferth mewn tafarn'. Ar yr wyneb nid cerdd soffistigedig mohoni, ond disgrifiad o brofiad y gallai pob gwrandawr ei adnabod yn syth; eto gellir darllen y gerdd yn fanylach, gan ofyn yn gyntaf yn lle ac i ba gynulleidfa yr oedd Dafydd yn perfformio'r gerdd; nid mewn tafarn, mae'n debyg, ond yng nghartref un o'i berthnasau neu ei gyfeillion cyfoethog, mewn amgylchiadau moethus. Manylwn ar yr hanes.

I ddechrau, ymddengys fod y bardd mewn amgylchiadau cyffyrddus. Daeth i ddinas ddethol, meddai, gyda'i was golygus, a chymryd llety urddasol ac yfed gwin yno. Mae'n denu merch dlos ato, ac yn rhoi cinio iddi; *bachiad* hynod o rwydd yw hwn, ac nid oes fawr angen gwasgu arni i addo croesawu Dafydd i'w gwely. Naill ai y mae'r ferch yn butain, neu'n sguthan ysgafn iawn ei moes – dyna awgrym amlwg y bardd; nid Dyddgu fonheddig na Morfudd briod mohoni. Fel y gellid disgwyl, y mae ymgais Dafydd i gyrraedd gwely'r ferch yn y tywyllwch yn gyflafan; y mae'n baglu, yn bwrw llestri a dodrefn i'r llawr, yn deffro'r cŵn a'r tri Sais yn eu gwely drewsawr. Hynny yw, nid dinas ddethol na llety urddasol mo'r lle, ond tafarn gyffredin, a'r cwmni'n amheus iawn – mor wahanol i'r cwmni sy'n gwrando ar y bardd!

Helyntion doniol, felly, yw helyntion caru Dafydd, a'r sefyllfa ganolog yw ffigur y carwr rhwystredig na all gyrraedd ei nod oherwydd amgylchiadau digrif a lletchwith. Awgrymwyd eisoes bod rhai cerddi'n fwy soffistigedig, a bod ynddynt haenau mwy cymhleth na'r rhwystredigaeth ddoniol amlwg. Hynny yw, y mae Dafydd yn parodïo confensiynau llenyddol ei oes, ac yn gwrthgyferbynnu ei sefyllfa gymdeithasol freintiedig â sefyllfaoedd anghydnaws, megis y gwlybaniaeth dan y bargod, a'r dafarn.

Cywydd llai cyfarwydd yw 'Y cwt gwyddau'. Daw'r bardd i gwrdd â'i gariad dienw, 'gwen gymen gall'. Y mae hi'n ei ganmol am ei amynedd yn disgwyl amdani: 'dyn goddefgar serchog wyd', meddai. Ond ar unwaith fe ddaw ei gŵr, yn bwrw naid fel carw, 'yn greulawn ac yn llawn llid'. Mae'r gŵr yn chwythu bygythion, ac yn herio Dafydd i ymladd ag ef, gan ei atgoffa'r un pryd:

Arfau drwg i ddigoni
Yw'r cywyddau sydd dau di.

Hynny yw, mae'r gŵr eiddigeddus yn adnabod Dafydd, ac felly yn gwybod ei fod yn barddoni. Mae Dafydd yn ffoi i loches y cwt gwyddau, dihangfa ddelfrydol yn ei farn ef, ond gwaetha'r modd:

Codes hen famwydd drwynbant,
A'i phlu oedd gysgod i'w phlant.
Datod mantell i'm deutu, [h.y. fy nghorchuddio â'i phlu]
Dialaeth o famaeth fu.

Beth yw arwyddocâd y ffaith nad yw Dafydd yn enwi'r ferch? Y mae nifer o atebion yn bosibl. Yn gyntaf, nid disgrifio hanes na phobl go iawn yr oedd, ond yn eu creu ar gyfer y gerdd, er mwyn diddanu cynulleidfa. Yn ail, gallai fod yn disgrifio digwyddiad go iawn, ond heb enwi'r cymeriadau am y gwyddai'r gynulleidfa pwy oeddynt. Yn drydydd, gall fod yn perfformio'r gerdd i gynulleidfa a oedd yn cynnwys y ferch a'i gŵr, a phawb yn gwybod fod Dafydd yn gorliwio neu'n dyfeisio'r sefyllfa er mwyn diddanwch. Nid wyf am gymell un esboniad rhagor na'r lleill, ond credaf fod pob un yn bosibilrwydd teg; o'm rhan i, yr olaf sy'n taro orau.

Braidd yn wahanol yw'r sefyllfaoedd yn y cywyddau 'Y cloc', 'Y rhugl-groen' ac 'Y don ar afon Dyfi'. Yn y cyntaf, y mae Dafydd yn cysgu'n braf ac yn breuddwydio ei fod yng ngwely ei gariad:

Ym mhlygau hir freichiau hon,
Ym mhleth Deifr ymhlith dwyfron.

Gwaetha'r modd, mae cloc yn taro ac yn ei ddeffro o'i freuddwydio synhwyrus. Er bod y bardd yn mwynhau ail-greu pleser ei freuddwyd ar ein cyfer, ei brif nod yw disgrifio'r cloc:

Difwyn fo'i ben a'i dafod
A'i ddwy raff iddo a'i rod,
A'i bwysau, pelennau pŵl,
A'i fuarthau a'i fwrthwl . . .

a'i felltithio trwy ei gyffelybu i forthwyl crydd, i gi'n dymchwel powlen ac i felin yn malu'r nos. Yn 'Y rhugl-groen' y mae Dafydd wedi denu ei gariad i'r llwyni, yn cydorwedd â hi ac yn amlwg ar fin profi uchafbwynt rhywiol, pan ddaw cyflafan ar ffurf begor yn rhith bugail, yn siglo rhugl groen, sef pledren yn llawn cerrig, sy'n dychryn ei gariad i ffwrdd. Eto, prif nod y gerdd yw disgrifio'r gwrthrych sy wedi tarfu ar yr addewid o wynfyd:

Cod ar ben ffon yn sonio,
Cloch sain o grynfain a gro.
Crwth cerrig Seisnig yn sôn
Crynedig mewn croen eidion.

Yn yr olaf o'r tri chywydd hyn, 'Y don ar afon Dyfi', y mae Dafydd, wrth fenthyca'r thema o waith Ofydd, yn cwyno ei fod yn methu cyrraedd yn ôl at ei gariad yn Llanbadarn am fod yr afon yn rhy uchel a pheryglus. Gwir destunau'r gerdd yw, nid y ferch sy'n ei ddisgwyl, na'i gariad ati chwaith, ond rhwystredigaeth ei sefyllfa, a'i ddisgrifiad o'r afon:

Y don bengrychlon grochlais . . .
Drais y dwfr . . . trefn trychanrhwyd . . .
Gymar hwyl, gem yr heli . . .

Awgrymaf, felly, nad *cariad* yw thema ganolog nifer o gerddi serch

22

Dafydd, ond ei bersonoliaeth ef ei hun fel bardd a diddanwr. Nid y ferch yw testun y cerddi hyn, ond y bardd ei hun. Hyd yn oed wrth gyffelybu Morfudd i'r haul, y mae rhywbeth hollol fyfïaidd yn y disgrifiad. Y mae'r gymhariaeth, sy'n rhy hir i'w dyfynnu yma, yn arddangos disgleirdeb y bardd lawn gymaint â phrydferthwch Morfudd. Nid beirniadu'r bardd yr wyf wrth awgrymu darllen ei waith yn y dull hwn. Cariad pennaf pob bardd yw geiriau a'r grefft o'u trafod, a'i awydd yw ein diddanu.

Y mae'r canu caeth Cymraeg, a'r traddodiad dyfalu, yn her neilltuol i athrylith o Gymro. Ystyriwch y llinellau enwog i'r gwynt:

Uthr yw mor aruthr y'th roed
O bantri wybr heb untroed,
A buaned y rhedy
Yr awron dros y fron fry.
Nid rhaid march buan danad,
Neu bont ar aber, na bad . . .

Ond wedi crynhoi'r holl agweddau negyddol, yr holl bethau nad ydynt yn wir am y gwynt, dyna ei annerch:

Dywed ym, diwyd emyn,
Dy hynt, di ogleddwynt glyn.
Drycin yn ymefin môr, [ymefin = ? yn cynhyrfu]
Drythyllfab ar draethellfor . . ..
Hyrddiwr, breiniol chwarddwr bryn,
Hwylbrenwyllt heli bronwyn.

Wrth gwrs, y mae modd troi at thema cariad, wrth ofyn i'r gwynt fod yn llatai, yn negesydd serch i gariad y bardd. Ond nid oes modd amau mai'r gwynt, nid cariad y bardd, yw gwir destun y gerdd.

Nid wyf am fynnu nad bardd serch o gwbl mo Dafydd; byddai hynny'n wiriondeb. Eto, hyd yn oed pan fydd yn dadlau rhagor-iaeth cariad yn erbyn y Brawd Llwyd, y mae Dafydd yn ymhyfrydu fwy yn ei ddadleuon gorchestol nag yn ei deimladau cnawdol. Yn y gerdd 'Merch yn edliw ei lyfrdra' y mae Dafydd yn awgrymu bod ei wasanaeth i'w gariad yn haeddu gwobr, ond y mae hithau'n mynnu na fydd neb yn ei hennill heb brofi ei wroldeb. Y mae Dafydd yn troi'r ddadl yn ôl yn gelfydd; ydwyf, meddai, yn llwfr, nid wyf yn ddefnydd milwr, ond meddyliwch sut y gallai'r ferch ddarganfod bod rhyfelwr yn rhy filain:

Rhinwyllt fydd a rhy anwar,
Rhyfel ac oerfel a gâr . . .

Cyn gynted ag y clyw'r milwr fod brwydr yn Ffrainc neu Brydyn (yr Alban), bydd yn ei gadael, ac wedyn:

Creithiog fydd, saethydd a'i sathr,
A chreulon . . .

Bydd yn well ganddo ei waywffon a'i gleddyf na'i gariad. Ar y llaw arall, wrth gwrs, ni fyddai Dafydd byth yn ei gadael, ond yn canu ei chlodydd.

Mewn pennod fer nid oes modd gwneud mwy na braidd gyffwrdd â gorchestion Dafydd ap Gwilym. Y neges yn syml yw mai cymhleth yw ei waith! Gwaetha'r modd, y mae lliaws o Gymry heb gael y cyfle i'w astudio, ac nid syn hynny, oherwydd y mae'r iaith yn anodd, yn bennaf am ei bod mor gryno. Hyd yn oed wrth i ni fwrw golwg ar yr helyntion a ddaw i ran y bardd, dylem sylweddoli mor gymhleth yw ei gymhellion. Cardi, Cymro, bardd i Ewrop a'r byd oll yw Dafydd bellach; pe ceisiem ei symleiddio, fe fyddai'n chwerthin am ein pennau fel y gwnaeth am y Brawd Llwyd. Ein helynt ni fyddai hynny.

PENNOD 3

CLADDU WILIAM AP JOHN FWYA

Achlysur arbennig iawn oedd cynhebrwng Wiliam ap John Fwya yn Aberystwyth yn 1540. Claddwyd ef gyda'r hwyr, ac yn y tywyllwch yr oedd y ffaglau a'r canhwyllau mawr yn goleuo'r orymdaith angladdol, fel y dymunai Wiliam ap John. Daeth sawl offeiriad i ganu'r gwasanaeth Lladin, a'u harwain gan Thomas Glover, a fu'n offeiriad a chyffeswr i Wiliam ap John yn ystod ei fywyd. Offeiriad Capel Mair, yr eglwys fechan ar lan y môr, oedd Thomas Glover; Syr Thomas i bawb, ac yntau'n offeiriad. Yr oedd Thomas Glover yn ddyledus i Wiliam ap John am gyflog o bumpunt y flwyddyn, heblaw am roddion eraill, oherwydd capel oedd Eglwys Fair, nid eglwys blwyf. Yr oedd Aberystwyth yn rhan o blwyf Llanbadarn Fawr, ond gwell oedd gan y trigolion fynychu'r eglwys fechan uwch y traeth na cherdded yr holl ffordd i Lanbadarn.[1]

Dilynai teulu Wiliam ap John yr elor trwy'r dref i gyfeiriad yr eglwys, a'i feibion, Lewis a Philip, yn cynnal breichiau eu mam, Gole. Gyda hwy yr oedd rhai o gyfeillion eu tad: Morgan Fychan, Griffith ap Dafydd a John ap Gwilym. Yr oedd rhai o wyrion Wiliam ap John yn ddigon hen i ddilyn eu tad-cu hefyd: Richard, John a Morgan, meibion Philip. Yr oedd yr wyresau, Anne ac Elisabeth, wedi aros gartref gyda'u nyrs.

[1] Am yrfa Wiliam ap John Fwya, gw. Ralph Griffiths, *The Principality of Wales in the Later Middle Ages*, cyfrol I (Caerdydd, 1972), t. 315.

Nid achlysur i'r teulu yn unig oedd angladd Wiliam ap John Fwya. Ac yntau'n un o ddynion mwyaf blaenllaw'r dref, yr oedd mintai o bobl yn dilyn y ffaglau a sŵn y cnul; ni ellid disgwyl cannoedd lawer, gan nad oedd mwy na hanner cant o dai o fewn muriau'r dref. Porai gwartheg a defaid ar Benmaes-glas uwch afon Rheidol, o fewn y muriau, a chrwydrai moch ar hyd y strydoedd yn ystod oriau'r dydd. Nid Amwythig na Henffordd oedd Aberystwyth, ond o fewn y gymuned fechan, bu Wiliam ap John yn ddyn o bwys.

Fel Cymro da, yr oedd Wiliam ap John yn gyfarwydd â'i ach ei hun. Mab John ap Jankyn ap John ap Gwilym Fychan ydoedd, ac er na allai honni ei fod o dras fonheddig, yr oedd rhan flaenllaw'r teulu yn hanes y dref yn fwy na gwobr gysur. Mae'n wir bod hanes ei hynafiaid ychydig yn frith. Gwyddai rhai pobl am Jancyn ap John a'i fab John, sef tad Wiliam ap John; bu cyhuddiad yn erbyn y ddau o lofruddio dyn blaenllaw arall yn y dref, sef John Glais. Ni chofiai neb yn union beth oedd wedi digwydd, gan mai yn 1456 y digwyddasai'r llofruddiaeth, ac yr oedd y dref yn llai gwyllt nag y buasai gynt, pan fyddai'r teuluoedd mawr yng ngyddfau ei gilydd. Yr oedd John Glais yn perthyn i deulu'r Glais, wrth gwrs, a'r rheiny hefyd wedi eu cyhuddo o lofruddiaeth union gan mlynedd yn gynharach, yn 1440.

Yr adeg honno yr oedd ffraeo hyll yn y dref, yn rhannol oherwydd y degwm. Deuai abad Vale Royal, Caer, i gyfarfod â chasglwyr y degwm, oherwydd yr oedd y Tywysog Du wedi rhoi'r dreth honno i'r abaty er mwyn galluogi'r mynachod i adfer eu hadeiladau wedi'r storm enbyd yn 1359. Cenfigennai abad Ystrad-fflur wrth ei gyd-abad o Loegr; oni ddylai'r degwm fod at achos yr eglwysi lleol? Buasai'n dda gan Ystrad-fflur dderbyn cyfran o'r cyfoeth a âi i bocedi'r casglwyr ac i Saeson Vale Royal. Felly bu cweryla a diflastod, a chwynai abad Caer yn Llundain i'r Cymry anwar ymosod arno yn ystod ei ymweliadau. Cefnogai teuluoedd Glais, Roubury a Prouth achos Caer, ond yn nes ymlaen bu cweryl rhwng y cynghreiriaid hyn, a lladdwyd Gruffydd Prouth gan dri o ddynion y Glais a John Roubury. Yn wir, pwy a allai ddilyn y gwe pry cop o gwerylon a fu'r adeg honno, pan oedd anhrefn mor gyffredin ar hyd y wlad? Bellach, adeg cynhebrwng Wiliam ap John, yr oedd abadau Caer ac Ystrad-fflur yn derbyn pensiynau hael, a'r tiroedd y buont yn eu gweinyddu yn awr yn eiddo'r Goron. Yr oedd trefn yr Eglwys yn gwegian. O ran hynny, yr oedd y byd oll yn newid yn gyflym; bellach, yr oedd Cymru, i bob pwrpas, yn rhan o Loegr, ac ustusiaid heddwch yn ceisio sefydlu trefn newydd o weinyddiaeth a chyfiawnder.

Os mai pechaduriaid oedd hynafiaid Wiliam ap John Fwya, yr oedd ef yn awyddus i wneud iawn am eu pechodau – a'i bechodau ef ei hun, bid siŵr. Yn ei henaint bu Wiliam ap John yn gymwynaswr i Aberystwyth; ef a ysbrydolodd y trigolion i godi melin wrth bont Trefechan yn 1530, ddeng mlynedd cyn ei farw, a'i fwriad oedd i'r elw gynnal Eglwys Fair. Ond pan fu comisiwn brenhinol yn ymchwilio trwy'r wlad yn 1548 i ddarganfod pa elusennau eglwysig a fodolai, perswadiwyd yr aelodau mai i drwsio pont Trefechan, ac i sicrhau amddiffyniad i'r harbwr, y defnyddiwyd yr elw.[2] Nid yw'n syn bod Wiliam ap John yn ddigon cyfoethog i godi melin; yr oedd wedi elwa ar yr holl swyddi a ddaliasai gynt, pan fu'n swyddog yn Aberystwyth a'r fro, yng nghymydau Perfedd, Genau'r-glyn, Mefenydd ac Anhuniog. Er ei fod erbyn 1538 yn hen ŵr, cymaint oedd ei ddylanwad yn y fro fel y penodwyd ef yn un o arolygwyr tiroedd abaty Ystrad-fflur pan gaewyd y fynachlog, gyda chyfrifoldeb arbennig am diroedd y Dywarchen, sef yr ardal i'r dwyrain o Benrhyn-coch. Yr oedd ganddo hefyd diroedd ym Machynlleth ac yn ardal Aberystwyth. Byddai ei weddw'n gysurus, yn derbyn yr incwm o'r lluest yn y bryniau lle'r oedd Morgan Deio'n gofalu am ugain o wartheg blithion a phedwar ugain o ddefaid. Ac yr oedd y

---

[2] Gw. George Eyre Evans, *Aberystwyth and its Court Leet* (Aberystwyth, 1902), tt. 128-36.

felin yn cynhyrchu mwy o elw na'r pumpunt a delid i Eglwys Fair; byddai Gole'n derbyn ugain nobl y flwyddyn o'r felin, heblaw am rent un o'r ffermydd bach eraill.[3]

Byddai'r tylwyth yn elwa hefyd, fe wyddai pawb hynny. Byddai Lewis ap Wiliam yn derbyn tiroedd Machynlleth, tra oedd Philip eisoes wedi derbyn rhodd tir gan ei dad ar achlysur ei briodas. Tro'r wyrion, plant Philip, oedd hi nawr, a hwythau'n cael rhannu gweddill eiddo'u tad-cu, wedi i'r dyledion gael eu talu – a'u casglu hefyd.

Gwyddai'r offeiriaid y byddent hwy a'u heglwysi ar eu helw wedi marwolaeth Wiliam ap John. Thomas Glover fu'n gwrando ar yr hen ŵr yn sibrwd ei ddymuniadau ar ei wely angau, ac yn tacluso'r cyfan yn ei Saesneg gorau. Arferai ffermwyr cyffredin adael rhyw swm i eglwys gadeiriol Tyddewi, ac yn lle'r ychydig geiniogau arferol, rhoes yr hen ŵr hanner nobl, sef deugain ceiniog. Heblaw am Dyddewi bell, byddai eglwysi Llanychaearn, Llanilar, Llanfihangel Genau'r-glyn a Llanfihangel-y-Creuddyn yn derbyn hanner nobl yr un, a Llanbadarn Fawr yn derbyn nobl gyfan, sef chwe swllt ac wyth ceiniog.

Yn niffyg y degwm, a delid bellach i gynrychiolwyr y brenin yn lle casglwyr abad Caer (am fod yr abaty newydd gael ei gau), yr oedd yr eglwysi'n falch o bob ceiniog a ddeuai i'w coffrau. Nid oedd pob eglwys cyn dloted â'i gilydd, wrth gwrs. Yr oedd gan Lanbadarn a Llanfihangel-y-Creuddyn yrroedd o wartheg a defaid a roddwyd i'r eglwysi gan y plwyfolion. Yr oedd elw'r anifeiliaid hyn yn help i gynnal y gwasanaethau, ac yn enwedig y gweddïau dros y meirw, ac oherwydd hynny defnyddid yr ymadrodd 'siantri' i'w disgrifio.

Yr oedd y byd a fu'n gyfarwydd i Wiliam ap John Fwya yn newid yn gyflym. O fewn tair blynedd i'w farwolaeth, byddai'n rhaid i bobl tref Aberystwyth gyfrannu at dreth newydd, er nad arferid y gair 'treth' i'w disgrifio; 'lay subsidy' oedd enw'r Saeson arni a

---

[3] Nobl = 6s 8c, sef traean punt neu hanner marc (= 13s 4c).

gwyddai'r rheiny amdani'n dda, canys bu'n dreth gyson arnynt ers tro, ond yr oedd pobl sir Aberteifi'n talu am y tro cyntaf. Casglwyd y manylion ar gyfer Aberystwyth ar ddarn o femrwn, ac ar ben y rhestr wele (mewn Lladin) 'Melin gyffredin y fwrdeistref' yn cyfrannu tri swllt. O dan enw'r felin, enwid dynion cyfoethocaf y dref, sef Richard Herbert, Howell Benllwyd, a Philip Williams, mab Wiliam ap John Fwya. Marc cyfan oedd ei daliad, sef 13s 4c, y cyfraniad mwyaf sylweddol o ddigon. Chwe swllt oedd ar Richard Herbert, a phedwar swllt a grot ar Howell Benllwyd. Roedd enw ei frawd yno hefyd, sef Lewis Williams, ond grot oedd ei gyfraniad ef. Mae'n siŵr mai ef oedd y brawd iau, heb etifeddu dim ond cyfran fechan o gyfoeth ei dad, a pha diroedd bynnag a feddai ym Machynlleth.

Pan fu farw Wiliam ap John Fwya, yr oedd Harri VIII yn dal ar yr orsedd. Bu ef farw yn 1547, a dan lywodraeth gwarcheidwaid y brenin ifanc Edward VI, nad oedd ond naw mlwydd oed, agorodd fflodiart y Diwygiad Protestannaidd. Yr oedd Harri wedi diddymu'r mynachlogydd, ond yr oedd wedi gadael llonydd i'r siantrïau. Gan mai pwrpas pennaf siantri oedd gwared eneidiau'r meirw o artaith purdan, a bod purdan bellach yn heresi, manteisiodd yr awdurdodau ar y cyfle i ymaflyd yn holl gyfoeth y siantrïau. Dygwyd yr ychen, y gwartheg, y defaid a'r geifr o Lanbadarn a Llanfihangel-y-Creuddyn, a'r holl waddolau o dir a roddasid gynt i eglwysi ledled y wlad. Ond beth am felin Aberystwyth? Ai siantri hithau, gan y cyfrannai at gynnal Eglwys Fair?

Mynnodd y Goron yn syth mai eiddo'r brenin oedd melin Aberystwyth, a gosodwyd hi ar rent i Lewis Williams, ac wedyn i John Pryse, Gogerddan; ond mynnai bwrdeisiaid Aberystwyth, sef dynion blaenllaw'r dref, mai eu heiddo hwy oedd y felin. Gwrthod-asant dalu rhent, a llusgodd yr achos ymlaen hyd 1572 pan gafwyd dedfryd llys yn Henffordd yn erbyn pobl Aberystwyth. Gosodwyd y felin ar rent eto i John Pryse, Gogerddan, ond parhaodd y ffrae yn

ei chylch, a thynnodd dynion y dref y felin i lawr, a bu'n rhaid i
John Pryse adeiladu un newydd.

Yn 1582, felly, penodwyd comisiwn gan y Goron i holi ymhellach,
oherwydd ystyfnigrwydd pobl y dref. Paratodd y swyddogion
holiadur, er mwyn casglu tystiolaeth gan hynafgwyr Aberystwyth;
dyna'r drefn arferol pan na fyddai digon o ddogfennau i ddibynnu
arnynt. Gwysiwyd Griffith Llwyd ap Howell ap Rees o Enau'r-glyn,
yn bedwar ugain oed, o flaen y comisiwn. Y mae'r cofnodion yn
Saesneg, ac atebion y tystion yn y trydydd person, ond gellir ail-
greu rhai o atebion Griffith Llwyd fel a ganlyn:

> Yr wyf yn bedwar ugain oed. Yr wyf yn cofio'r eglwys ers
> trigain ac wyth o flynyddoedd, a'i hadnabod wrth yr enw
> Eglwys Fair. Adeiladwyd y felin gan Wiliam ap John Fwyaf a
> phobl tref Aberystwyth ryw hanner cant a dwy o flynyddoedd
> yn ôl, i gynnal gwasanaeth Mair o fewn yr eglwys a elwir yn
> Eglwys Fair. Yr wyf yn cofio adeiladu'r felin yn dda, a gweld
> a chlywed Dafydd Saer a'r gweithwyr eraill yn trin y coed.
> Ugain mlynedd yn ôl bu dadl rhwng Jankyn Gwyn a phobl y
> dref; yr oedd Jankyn Gwyn yn dadlau mai tir siantri oedd y
> felin, ac wedi cymryd meddiant ohoni gan dwyllo'r Frenhines
> o'r incwm, ond yr oedd pobl y dref yn ei wrthwynebu, a
> llwyddasant i'w dawelu.

Yr oedd y comisiynwyr yn fodlon mai eiddo'r Goron oedd y felin,
a gosodwyd hi i Richard Pryse, Gogerddan, am dair punt y flwyddyn
am gyfnod o ddeugain mlynedd, ac yn nwylo teulu Gogerddan y
bu'r felin am ganrifoedd.

Yn 1762 rhoes llys Aberystwyth dir i John Pugh Pryse i adeiladu
melin newydd gerllaw'r hen, ar lannau afon Rheidol. Erbyn canol y
bedwaredd ganrif ar bymtheg yr oedd yn rhaid i'r hen dechnoleg
ildio i'r newydd. Ailadeiladwyd y felin ar yr un safle, y tro hwn â
pheiriannau ager. Llenwyd nant y felin, tynnwyd y rhod i lawr a
chwalwyd y peiriannau. Erbyn heddiw y mae'r adeilad wedi gwasan-

aethu meistri eraill, a'r olwyn a'r meini wedi hen ddiflannu. Yn ddiweddar fe fu'n siop gyfrifiaduron, a diau y byddai'r dechnoleg newydd wedi apelio'n fawr at yr hen Gardi blaengar, Wiliam ap John Fwya.

PENNOD 4

HELYNTION PERSON PLWYF

Nid oes sgandal debyg i sgandal eglwysig. Y mae'r sawl sydd mewn urddau offeiriad heddiw yn gorfod gwylio'i gamre'n ofalus iawn, rhag i bapurau'r dydd arllwys gwenwyn sgornllyd a rhagrithiol arno. Ar un wedd mae'n od, oherwydd lleiafrif sy'n mynychu eglwys a chapel heddiw, eto y mae unrhyw wendid clerigol megis gwaed yn denu morgwn. Yn nyddiau anterth yr Eglwys wladol, yn gynnar yn yr ail ganrif ar bymtheg, nid oedd rhaid i berson plwyf ofni'r cyfryngau. Mae'n debyg bod mwyafrif yr offeiriaid yn byw bywydau cymharol dawel a digyffro yr adeg honno, fel heddiw. Ond nid felly y byddai ymhob man, ac yn enwedig ym mhlwyf Llanllwchaearn (ardal Ceinewydd), lle'r oedd David Griffith yn berson.[1]

Aelod o fân deulu bonheddig yn ardal Llwyndafydd a Chaerwedros oedd David Griffith. Yr oedd yn ddisgynnydd i Blegwryd ap Dyfnwal trwy Llywelyn Foel o Gaerwedros a'i fab David o Lwyndafydd. Ganed David Griffith tua 1562, yn un o saith o blant. Bu farw ei dad, Griffith ap Jenkin, yn hen ŵr yn 1612, gan adael rhywfaint o dir i'w fab yr offeiriad, a'i benodi'n sgutor ei ewyllys. Gwerth ei eiddo pan fu farw oedd £54 16s 0c, sy'n awgrymu ei fod

---

[1] Joseph Foster, *Alumni Oxonienses*, I, 608a. Yr wyf yn ddyledus iawn i Dr Evan James, Penrhyn-coch wrth olrhain hanes David Griffith, ac yn enwedig am gael ganddo gopi o ddogfen Llys y Seren, sef Swyddfa Cofnodion Cyhoeddus [SCC] STAC 8.120.115.

yn weddol gyffyrddus ei fyd yn ôl safonau Cardis yr oes, ond gan ei fod yn hen ŵr, mae'n bosibl ei fod eisoes wedi rhannu cryn dipyn o'i dda, gan gadw'n ôl ddigon ar gyfer ei anghenion ei hun.

Yn llanc ifanc, aeth David Griffith i Goleg Iesu, Rhydychen, a graddio'n B.A. yn 1584. Tybed ble cawsai'r addysg a'i galluogodd i fynd i Rydychen, canys ni wyddom a oedd unrhyw ysgolion yng Ngheredigion; mae'n debygol iddo gael ei ddysgu gan offeiriad lleol. Beth bynnag am hynny, wedi iddo raddio cafodd gymrod-oriaeth yng Ngholeg Oriel, Rhydychen, ac fe'i penodwyd yn ddarlithydd yn y brifysgol; ei swyddogaeth oedd dysgu'r ffydd Brotestannaidd i fyfyrwyr. Ond yn 1598 dychwelodd i Geredigion, wedi ei benodi'n rheithor Llanllwchaearn yn 1598 gan esgob Anthony Rudd, a oedd yn noddwr y fywoliaeth. Dywedir i'r esgob roi swydd esgobaethol iddo, a bod pobl y wlad wedi rhoi'r llysenw 'Deio Guto'r Commissioner' arno. Ond er gwaethaf ei swyddi, fe'i gwysiwyd o flaen Llys y Seren yn Llundain yn 1611 i ateb nifer o gyhuddiadau.

Y cyhuddwr cyntaf oedd William Davies, gŵr bonheddig o dref Caerfyrddin. Y mae Saesneg ffurfiol y cyhuddiadau hyn yn sych i'w ddarllen, ond y mae modd ail-greu geiriau'r achwynydd, a dyma Gymreigiad rhan o gŵyn William Davies:

Ym mis Awst diwethaf yr oeddwn yng nghartref Richard Lloyd, Llanina. Clywodd David Griffith fy mod yno, a chan ei fod yn awyddus i'm llofruddio, gwysiodd nifer o ddihirod – nad wyf yn gwybod eu henwau – i guddio yn y rhedyn a'r llwyni i ddisgwyl amdanaf. Wedyn, gyrrodd neges gyfeillgar i dŷ Richard Lloyd i'm gwahodd ato. Nid oeddwn yn amau dim, gan fod David Griffith yn ddyn eglwysig, yn weinidog a phregethwr yr Efengyl, ac felly euthum yno heb neb yn gwmni ond un o weision Mr Richard Lloyd. Dechreuodd David Griffith ddadlau a chweryla gyda fi, ac fe'm cynghorwyd gan was Mr Lloyd y buaswn mewn perygl oni fyddwn yn dianc.

Felly enciliais i dŷ Mr Lloyd, lle daeth David Griffith, ei wraig Gwenllïan, John Jenkin brawd Gwenllïan, Catrin Morris, Harri David John a thri dyn arall na wyddwn eu henwau. Yr oedd yr wyth ohonynt yn cario cleddyfau, cyllyll a phastynau, ac yn gweiddi arnaf am ddod allan, yn cadw twrw mawr . . . a bu'n rhaid i mi gilio i dŷ Richard Lloyd, ac aros yno.

Heblaw am ei gyhuddiad yn erbyn David Griffith, dymunai William Davies lusgo hefyd Gwenllïan, gwraig yr offeiriad, a thri o'i ddeiliaid, o flaen y llys i ateb y cyhuddiad yn y gobaith o'u cosbi bob un.

Er na ddylai offeiriad plwyf godi twrw yn ei gymdogaeth, go brin fod ymddygiad David Griffith yn ddigon difrifol i ddwyn achos yn ei erbyn yn Llundain; gallasai William Davies fod wedi mynd â'r achos i lys y Sesiwn Chwarter neu'r Sesiwn Fawr. Ond yr oedd boneddigion Cymru yn barod i fynd â phob math o achosion i Lundain, yn y gobaith o ddwyn gwarth a chostau uchel ar eu gelynion. Er mwyn cynyddu difrifoldeb eu hachosion, byddai'n arferol pentyrru a chwyddo unrhyw sgandalau a fyddai wrth law, yn enwedig cyhuddiadau o gynnal reiat, ac felly tarfu ar heddwch y brenin. Dyna a wnaeth William Davies.

Nid William Davies oedd yr unig un a chanddo gŵyn yn erbyn yr offeiriad terfysglyd o Lanllwchaearn. Yr oedd James Lewis o Gwmhawen, sir Aberteifi, hefyd yn flin wrtho. Yr oedd Lewis yn berchennog ar lain o dir yn ymyl tir eglwys Llanllwchaearn, ac yr oedd gŵr o'r enw Dafydd ap Ieuan yn talu rhent i Lewis am y llain honno. Aeth David Griffith ati, meddai James Lewis, i geisio perswadio Dafydd ap Ieuan i'w gydnabod ef yn berchennog ar y llain. Gwrth-ododd Dafydd ap Ieuan, ac felly, meddai Lewis wrth Lys y Seren:

y Sul wedyn, galwyd Dafydd allan o flaen yr allor gan David Griffith, ac yntau yng nghanol ei bregeth, er mwyn dwyn gwarth arno o flaen y gynulleidfa, a dywedodd, 'Wele'r Diafol yn ei wyneb'!

Yn ei awydd i bardduo'r offeiriad, aeth James Lewis yn ôl dros y blynyddoedd i hel rhagor o sgandalau. Yn 1606, meddai, yr oedd David Griffith wedi casglu deugain o ddynion ynghyd yn Llanarth â physt, cleddyfau, bachau Cymreig ac arfau eraill. Gorymdeithiodd y giwed hon o gwmpas Llanarth am bum awr, gan ymosod ar dri dyn o'r enw Lewis William, Rees William ac Ieuan ap Rees, a'u brifo'n gas, a phan ddaeth tri ynad heddwch i'w tawelu, ymosododd Griffith a'i gyfeillion arnynt hwythau hefyd a'u bygwth.

Yr oedd David Griffith yn euog hefyd, meddai James Lewis, o drefnu priodas anghyfreithlon yn 1607 er mwyn elw iddo'i hun. Yr oedd Catrin ferch Thomas, gwraig briod a'i gŵr yn dal yn fyw, yn dymuno priodi'r ail waith, â gŵr o'r enw William ap Rhydderch. Ei gŵr cyntaf oedd Dafydd ap Ieuan; tybed ai'r un dyn oedd hwnnw â'r tenant anffortunus a sarhawyd o flaen yr allor yn eglwys Llanllwchaearn? Talodd Catrin bum punt i David Griffith am drwydded briodas, cyflawnwyd y weithred, ac aeth i fyw gyda'r ail ŵr er bod y cyntaf yn fyw.

Gwaeth byth, meddai James Lewis, yn ôl yn 1603 neu 1604 yr oedd David Griffith ei hun wedi priodi mewn dull annerbyniol iawn:

daeth David Griffith gyda lliaws o ddynion arfog i Ddyffryn Llynod, plwyf Landysul, i dŷ Mary Lloyd, gweddw Jenkin Thomas ap John. Defnyddiodd eiriau serchus ac addewidion dengar i swyno Gwenllïan, merch y weddw, a hithau'n bymtheg oed, i ddianc gydag ef a'i briodi yn erbyn ewyllys ei mam a'i ffrindiau . . .

Gwaethaf oll, yr oedd David Griffith, ac yntau'n gymrawd Coleg Oriel, Rhydychen, ac wedi cymryd ei lw i beidio â gwerthu'r gymrodoriaeth, wedi gwerthu ei swydd i ryw John Lloyd o esgobaeth Bangor am ddeugain punt.[2]

---

[2] Y mae cofrestr Coleg Oriel yn cadarnhau bod Griffith wedi ymddiswyddo o'i gymrodoriaeth yn 1604, ond nid oes sôn am werthu'r swydd.

Nid erys digon o dystiolaeth annibynnol, hyd y gwn, i ni drafod pob cyhuddiad yn wrthrychol. Y mae atebion David Griffith ei hun i'r cyhuddiadau ar goll, ac ni wyddom beth oedd dedfryd y llys. Ond y mae modd cadarnhau rhai o'r ffeithiau yn y cyhuddiadau. Gwenllïan oedd enw gwraig David Griffith, a Mary Lloyd oedd enw ei fam-yng-nghyfraith. Gallwn dderbyn hefyd ei fod yn ddeugain oed pan briododd tua 1604; go brin y byddai James Lewis yn mentro dweud y math yna o anwiredd wrth y llys. Gallwn hefyd dderbyn dyddiad y briodas, oherwydd yn 1621, fel y cawn weld yn y man, yr oedd holl blant David a Gwenllïan dan un ar hugain oed. Gwelsom fod David Griffith wedi dilyn gyrfa yn Rhydychen a'i fod yn gymrawd yng Ngholeg Oriel. Yr oedd Richard Lloyd, Llanina, cyfaill y cyhuddwr William Davies, yn ficer plwyf Llanina, yn ddyn bonheddig a chyfoethog, ac yn aelod o deulu blaenllaw Llwydiaid Llanllŷr. Ni wyddom pwy oedd y Mr Lloyd y gwerthodd David Griffith ei gymrodoriaeth iddo, ond yr oedd gan Lwydiaid Llanllŷr gysylltiadau agos â Rhydychen. Ond awgryma'r digwyddiadau helbulus nad oedd Richard Lloyd yr offeiriad bonheddig a David Griffith yr offeiriad cythryblus ar delerau personol agos.

Serch hynny, nid oedd pawb ar delerau drwg â David Griffith. Pan wnaeth Ieuan Meredith o Lanarth ei ewyllys yn 1617, ymddir-iedodd ofal ei wyrion i David Griffith, offeiriad y plwyf, gan ofyn iddo sicrhau y gallai'r hynaf fynd i brifysgol Rhydychen. Nid yw'n syn iddo ofyn y fath gymwynas, gan fod yr offeiriad yn hen ewythr i'r bechgyn, ond nid yw'r ewyllys yn esbonio union natur y berthynas honno. Nid oedd Ieuan Meredith ei hun yn esiampl o foesoldeb i neb; yr oedd ganddo chwech o blant siawns o chwech o fenywod, ac yr oedd un ohonynt, Rees ap Ieuan, yntau'n dad i ddau blentyn siawns.

Y ffynhonnell arall o wybodaeth sydd gennym am David Griffith yw ei ewyllys. Ysgrifennwyd y ddogfen ar 20 Awst 1621, ond ni phrofwyd yr ewyllys tan Awst 1626. Y mae hynny'n eithriadol yn y cyfnod; fel arfer byddai dyn (neu ddynes) yn gwneud ei ewyllys ar ei wely angau, a byddai'r ewyllys yn cael ei phrofi'n fuan wedyn. Gallai anawsterau cyfreithiol rwystro'r profi am gyfnod, ond nid oes tystiolaeth i ddangos fod unrhyw broblem wedi codi yn yr achos hwn. Rhaid tybio felly fod David Griffith wedi cael pwl o salwch yn 1621 a'i ddychrynodd, ond ei fod wedi goroesi am bum mlynedd arall. Y mae agoriad yr ewyllys yn llawn crefyddoldeb:

> I commend my soule to the allmighty god, to be saved by the bloudsheddinge, and passion of his holy sonne my redeemer Jesus Christ very god, and very man . . .

Yn anffodus, ni allwn fod yn sicr mai dyna oedd union eiriau dymuniad Griffith, gan mai dyna oedd iaith arferol ewyllysiau'r cyfnod, ac y mae'n arwyddocaol nad adawodd yr un ddimai i achosion elusennol, heblaw am y grot arferol i eglwys gadeiriol Tyddewi.

Y mae'r ewyllys yn ein galluogi i lunio ei ach:

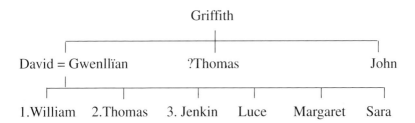

Gwyddom fod yr holl blant dan un ar hugain oed yn 1621, oherwydd penododd David Griffith warcheidwaid arnynt oll, sef ei wraig Gwenllïan a'i mam, Mary Lloyd.

William a etifeddasai'r rhan helaethaf o diroedd ei dad, sef Tir Porthyfynwent, Tyddyn Gardd-yr-hen-dy, Tir-y-cnwc (rhan o Lain y Penrhyn), Tir-y-maes-gwlyb a Thir-maen-y-groes (neu Lethr

Puntan).[3] Ond tiroedd ar brydles oedd y rhain, ac yn ôl eu henwau, gellir tybio mai lleiniau o dir gwasgaredig oedd rhai ohonynt, ac nid ffermydd ar wahân, er bod David Griffith yn eu disgrifio fel 'messuages or tenements'. Câi Gwenllïan aros yn 'my mansion house where I do inhabit together with the gardens, and parcelles or peeces of grounds thereunto adioyninge.' . . .' (Cofiwn nad plasty oedd ystyr y gair 'mansion' yr adeg honno). Difyr yw'r enw ar gyfer y tir oedd ynghlwm wrth gartref David Griffith, sef 'y grofft oddi ar y pwll golchi' – hwyrach mai hwn oedd y tir y bu'n ceisio'i ddwyn oddi ar James Lewis. Aeth tiroedd eraill i'r ddau fab arall; yr oedd Thomas i dderbyn tir yn Llanerchaeron, sef Tir-pen-y-wern, a Jenkin i gael 'Tir Cefnbedwas or Maes-y-llann' ym mhlwyf Llanarth. Yr oedd cymynrodd arall i Thomas: 'my fishing boat'. Difyr yw dychmygu rheithor y plwyf, cyn-gymrawd o Goleg Oriel, yn pysgota penwaig ym mae Ceredigion.

Gadawodd David Griffith arian i'w ferched – deg punt ar hugain i Luce ac ugain punt yr un i Margaret a Sara, ar gyfer eu priodasau – ond nid oes modd gwybod a fu gan David Griffith ddigon o arian i gyflawni'r addewidion hynny. William y mab hynaf a benodwyd yn sgutor, ond gan ei fod dan oed yn 1621, penododd David Griffith arolygwyr, sef ei frawd John ap Griffith, a Morgan Gwynne Yswain. Ond wedi marwolaeth David Griffith, y sawl a weinyddodd yr ewyllys oedd William y mab, David Price, ficer Llantysiliogogo, a dau ffermwr o Lanllwchaearn, David Lloyd a Griffith Phillip.

Yn olaf, ceir gyda'r ewyllys y rhestr eiddo, a luniwyd gan bedwar o gymdogion. Ffermwr ar raddfa gyffyrddus oedd David Griffith, yn ôl y rhestr; yr oedd ganddo iau o ychen, un tarw, saith o wartheg a thri cheffyl. O ran ei ddefaid, naill ai y mae'r rhestr yn anghyflawn, neu yr oedd ei ddefaid yn ffrwythlon iawn, oherwydd yr oedd dau ddeg chwech mamog (a phymtheg hesbin) wedi cynhyrchu pedwar

---

[3] Pentref bychan gyda chapel o'r un enw yw Maen-y-groes heddiw.

deg chwech o ŵyn. Yn ychwanegol at y rheiny, cadwai foch a gwyddau, ac yr oedd ganddo werth deuddeg punt o ŷd. Gwerth y cyfan oedd £60 5s 0c, swm nodweddiadol o ffermwr gweddol gyffyrddus ei fyd yng Ngheredigion yr adeg honno.

Beth, felly, y mae modd ei gasglu am fywyd David Griffith, rheithor Llanllwchaearn? Deuai offeiriaid y cyfnod o sawl lefel gymdeithasol, o'r uchaf i lawr. Tybiaf nad *squarson* (S. *squire + parson*) ydoedd, na mab i deulu cefnog iawn. Ond bu gan ei dad, pwy bynnag ydoedd, ddigon o fodd i'w yrru i Rydychen, ac y mae'n amlwg iddo lwyddo yno, yn ôl y swyddi a ddaliodd. Ond rhoes y ffidil academaidd yn y to, a dychwelyd i Gymru.

Unwaith iddo ddod yn rheithor trwy rodd yr esgob, defnyddiodd David Griffith ei ddylanwad, a nerth ei bersonoliaeth, i sicrhau prydlesi ar diroedd yn yr ardal, ac i sicrhau gwraig, er na fu ar frys i wneud hynny. Ni châi cymrawd yn Rhydychen briodi, felly nid yw'n syndod iddo gyrraedd ei ddeugain oed heb wraig. Y mae cymhlethdod ynghylch ei briodas na chyfeiriais ato uchod; dyma union eiriau rhan o'r cyhuddiad yn ei erbyn:

[he] did with many persuasive speeches and alluring promises intice Gwenllian daughter of the said Mary being then under the age of xvj yeares and unmarr[i]ed to come and goe awaye with him . . . and with force and arms in the dead tyme of the night of the said daie did take convey and steal away the said Gwenllian against the will of the said Mary and *being then the maynteyner of the said Gwenllian and having the government and Tuicone of her* he the said David . . . afterwards did her the said Gwenlliane espouse and marry . . .

Gall fod y geiriau a italeiddiwyd yn golygu iddo ei chadw am gyfnod cyn ei phriodi. Y mae'n amlwg oddi wrth yr ewyllys fod Gwenllïan wedi bodloni yn y pen draw, os nad ar y pryd, a'i mam hefyd, gan i Mary gael ei phenodi'n gyd-warcheidwad dros ei hwyrion, plant

David a Gwenllïan. Nid oes angen cymryd sylw o'r cyfeiriad at nerth arfau; dyna iaith yr oes i ddisgrifio unrhyw fath o gymhelliad trwy rym.

Noda'r cyhuddiadau yn erbyn David Griffith ei fod wedi cynnal sawl reiat. Yr oedd ensyniadau o'r fath yn gyffredin ymhlith y boneddigion Cymreig, er gwaethaf pob ymdrech gan yr awdurdodau yn Llundain. Yn ôl dogfennau eraill o Lys y Seren, bu sawl ffrae rhwng boneddigion Ceredigion; er enghraifft yn Llandyfrïog yn 1591 ac yn Llanbadarn Fawr yn 1615.[4] Gellir blasu'r un fath o anesmwythyd yn nrama Shakespeare, *Romeo a Juliet*, gyda gweision a dilynwyr y Montagues a'r Capulets yn gwrthdaro ar strydoedd Ferona. Yr oedd offeiriad plwyf mewn sefyllfa o ddylanwad ac yn arweinydd cymdeithas, yn enwedig mewn ardal lle nad oedd un teulu'n flaenllaw iawn. Go brin y cawn wybod beth oedd gwir gymhellion William Davies a James Lewis dros ddwyn y cyhuddiadau hyn yn erbyn y Cardi cythryblus, David Griffith.

Aeth David Griffith i'w fedd yn 1626, ond y mae modd dilyn helynt un o'r meibion, sef Thomas. Aeth hwnnw i'r Eglwys yn sgil ei dad, a phenodwyd ef yn ficer Llangeler gan esgob Theophilus Field. Pam? Oherwydd yr oedd wedi bodloni priodi merch a wasanaethai ym mhlas yr esgob yn Abergwili. Plentyn gordderch Thomas Field, brawd yr esgob, oedd honno, a chawsai Thomas Griffiths fywoliaeth Llangeler yn waddol gyda'r briodferch, nith yr esgob a noddwr y plwyf. Cafodd y ddau lond cawell o blant; aeth tri i'r Eglwys, ac un yn wehydd i Loegr, ond yr oedd Nathaniel Lloyd y mab hynaf yn sgwïer Mountain Hall, sir Gaerfyrddin. Dywed yr achydd William Lewis, Llwynderw, am aelodau'r teulu hwnnw bod cyhuddiadau yn eu herbyn o 'defraudationes, circumventiones, oppressiones, latrocinia, perjuria et alia enorma'! Prin bod angen cyfieithiad i ddeall y geiriau hynny, ond gellir

---

[4] SCC STAC 5.1.33; SCC STAC 8.205.3.

cynnig 'twyll, hoced, gormes, lladrad, celwydd ac erchyllterau eraill'. Tebyg i ddyn fydd ei lwdwn.

Gallwn ddychmygu David Griffith, wedi iddo wella o'i salwch yn 1621, ac yntau bellach dros ei drigain oed, yn byw bywyd tawelach wedi'r gwrthdrawiadau a fu, gyda llond ei dŷ o blant yn dod trwy eu harddegau ac yn eistedd o gwmpas y ford (gwerth punt yn ôl y rhestr eiddo), yn bwyta oddi ar un o'r deg plât piwter oedd ganddo (pymtheg swllt y deg), cyn crwydro i lawr trwy ei gaeau i'r traeth i weld y mab Thomas yn mynd â'i gwch (gwerth pedair punt) i ddal mecryll neu sgadan, ac wedyn yn dychwelyd i noswylio yn un o'r tri gwely plu oedd ganddo (pedair punt y tri). A ddarllenai air o'r Beibl cyn mynd i gysgu? Pwy a ŵyr? Nid enwir Beibl yn ei restr eiddo, ond yn hynny o beth yr oedd yn debyg i fwyafrif ei gyd-offeiriaid y dwthwn hwnnw.

PENNOD 5

HELYNTION MARWOLAETH SYDYN

Paham y lladdodd Catrin ferch Gruffydd, Llangwyryfon, ei hunan ar 19 Mehefin 1652? Ni chawn byth yr ateb i'r cwestiwn, er y gwyddom iddi ddefnyddio rhaff, gwerth dwy geiniog, i'w chrogi ei hun. Gwyddom hynny oherwydd i fintai o wyrda'r fro ddod ynghyd ar gais Oliver Lloyd, sgwïer Ffosybleiddiaid, Swyddffynnon, i ddyfarnu beth oedd achos ei marwolaeth. Un o grwneriaid Ceredigion oedd Oliver Lloyd, ac mae'n siŵr iddo gael gwybod am Catrin o fewn diwrnod neu ddau i'w marwolaeth, ond ni chynhaliwyd y cwest tan 28 Awst.[1] Mae'n siŵr fod tystion wedi eu galw i esbonio i'r rheithwyr beth oedd wedi digwydd, ac yr oedd clerc wrth law i nodi'r cyfan a'i grynhoi'n ffurfiol, ond ysywaeth, nid oedd yn arferiad gan glercod Ceredigion gadw'r cofnodion a wnaent o sylwadau'r tystion. Mewn astudiaeth o ddogfennau cwest o ganol-barth Lloegr yn y 14eg ganrif, cafodd Barbara Hanawalt lawer mwy o fanylion lliwgar a difyr nag a gofnodwyd yng Ngheredigion yn y cyfnod modern cynnar.[2]

Serch hynny, erys ychydig o ddogfennau sy'n dangos yn fwy manwl yr hyn a ddigwyddai pan gynhelid cwest. Er enghraifft, erys gosodiadau Saesneg y tystion mewn dau achos o farwolaeth sydyn yn 1657, y ddau yn achosion marwolaeth bechgyn bach ym mhlwyf

---

[1] Llyfrgell Genedlaethol Cymru: WALES 4/884/8/5.

[2] Barbara A. Hanawalt, *The Ties that Bound: Peasant Families in Medieval England* (Rhydychen, 1986).

Llangoedmor.[3] Daeth pump o dystion, tri dyn a dwy fenyw, i gartref
Evan John ym mhlwyf Llangoedmor ar 4 Awst i roi tystiolaeth
ynglŷn â marwolaeth John Thomas, bachgen dwyflwydd oed. Fel
hyn y mae gosodiad moel John Llewelyn:

[he] saieth that hee came to a Certain River called Quercheer
and there found the Child John Thomas drowned with one
foote in the water and that hee had fallen into the sayd River
by reaching att a Rod that was in the water.

Pythefnos cyn hynny bu'r crwner, Rees Gwyn, yn holi tystion yng
nghartref Rees Lewis, Llangoedmor. Yr oedd bachgen bach o'r enw
Morgan Robert wedi marw, ac un o'r tystion oedd David Morgan, a
ddaeth yno yng nghwmni Hugh Morgan, ewythr y bachgen.
Meddai ef:

Hugh Morgan asked his brother Robert Morgan where his
Child was, then [he] answered . . . That hee had kill'd him and
upon that, [David Morgan] perceaved the Child in his fathers
armes murther'd.

Yr oedd wedi lladd ei fab â chyllell. Y mae cofnod arall yn dangos
fod Robert Morgan wedi bod yn y carchar ac o flaen y llys, lle
cafwyd ef yn euog, ond estynnwyd pardwn iddo. Mae'r disgrifiad
o'r olygfa, er mor gwta, yn awgrymu'n gryf fod Robert Morgan yn
dioddef o ryw salwch.

Dyna ddigon i ddangos faint ein colled, ond gallwn fod yn
ddiolchgar fod gennym gofnodion crwneriaid Ceredigion o gwbl.
Fe'u ceir ymhlith cofnodion Llys y Sesiwn Fawr, ac y mae wyth
deg tri wedi goroesi o'r cyfnod 1560-1700. Rhaid bod llawer mwy
na hynny wedi cael eu llunio, ond yr oedd adroddiad crwner yn
eiddo personol iddo, ac nid oedd rhaid iddo roi copi i'r llys, er y
byddai hynny'n fanteisiol mewn achosion o lofruddiaeth.

[3] WALES 33/7/1.

Crewyd swydd crwner yn Lloegr yn 1194, ond ni wyddom pa bryd y penodwyd y crwner cyntaf yng Nghymru. Rhaid eu bod yn gweithredu yn y Dywysogaeth, gan gynnwys Ceredigion, o 1284 ymlaen, a chyn hynny mewn rhai ardaloedd. Ei waith oedd – ac yw – ymchwilio i unrhyw farwolaeth ddisymwth ac annisgwyl, ac wedyn cynnal cwest, sy'n fath o lys barn, er ei fod yn gyfyng iawn ei bwerau. Yr arfer oedd gofyn i un o swyddogion y cwmwd grynhoi'r rheithwyr mewn rhyw adeilad cyfleus. Yn y cofnodion a erys o Geredigion, byddai rhai cyfarfodydd mewn cartrefi preifat, ac eraill mewn tafarndai; yn nhref Aberteifi defnyddiwyd y castell a'r *guildhall*.

Nid oes fawr ddim amrywiaeth yn yr adroddiadau trwy gydol y cyfnod dan sylw, ac er eu bod bron i gyd mewn Lladin, y mae'n hawdd eu dilyn oherwydd eu ffurfioldeb. Y mae ffurf yr adroddiadau fel hyn (y mae'r achos yn ddychmygus, fel y gwelir):

Yng nghartref John Jones, ym mhlwyf Llan-y-fan, yn sir Aberteifi, ar y diwrnod o'r mis ym mlwyddyn teyrnasiad y Brenin [ei enw, a rhif y flwyddyn], o flaen David David un o grwneriaid y brenin, ar gorff Jane Evan o blwyf Bron-y-bryn yn y ddywededig sir, o flaen [enwau'r rheithwyr] sy'n ddynion atebol; pan ofynnwyd iddynt ym mha fodd y daeth y ddywededig Jane Evan i'w marwolaeth, ar y sagrafen fe ddywedant fod y ddywededig Jane Evan o'r rhagddywededig blwyf ar y diwrnod a'r diwrnod tua rhywbeth o'r gloch cyn (neu wedi) amser nawn, ar lan afon Dyfrllyd, a gwympodd yn ddamweiniol i'r ddywededig afon a boddi, a dyna sut y bu hi farw ac nid fel arall . . .

Os lladdwyd y person gan rywun arall, yn aml iawn fe roddid gwerth ariannol yr offeryn a'i lladdodd, megis yn achos hunan-laddiad Catrin ferch Gruffydd a ddyfynnwyd uchod. Yn wasgaredig ymhlith y cofnodion y mae ychydig o bapurau sy'n dangos fod tystion wedi eu gwysio i edrych ar gyrff i ddisgrifio'r clwyfau gan farnu ai oherwydd y clwyf(au) y bu farw'r person. Dyna ddechreuad gwaith y gwyddonydd fforensig.

Er bod ffurfioldeb yr adroddiadau Lladin yn help i'w darllen, y maent weithiau wedi eu rhwygo, neu'n fudr mewn mannau, ac nid yw'r holl fanylion bob amser yn eglur. Mewn achosion o lofruddiaeth, defnyddir ymadroddion ffurfiol megis 'yn heddwch Duw a'r brenin a thrwy rym ac arfau', ac mewn achosion o hunanladdiad defnyddir iaith sy'n condemnio'r weithred yn chwyrn, megis yr ymadrodd 'heb fod ganddi Dduw o flaen ei llygaid ond o anogaeth ddieflig'. Y mae'r rhain yn colli eu grym am eu bod mor ffurfiol ac ailymadroddus, ond er gwaethaf y problemau, y mae'r adroddiadau o ddiddordeb i unrhyw un sy'n ymddiddori ym mywydau pobl gyffredin Cymru dros dair canrif yn ôl.

Ni wyddom sut y llwyddwyd i gael cymaint o reithwyr ynghyd. Gan amlaf, ni chawn wybod dim ond eu henwau'n unig, ond yn achlysurol fe roddir enwau eu plwyfi hefyd, a phob tro gwelir eu bod yn dod o ardal ehangach na phlwyf yr ymadawedig. Er enghraifft, saethwyd Hugh Richard yn farw yn eglwys Llanwnnen ar 26 Tachwedd 1661. Cynhaliwyd y cwest yn Nhroed-yr-aur, ac yr oedd y pedwar rheithiwr ar bymtheg o blwyfi Aber-porth, Llanwnnen, Llanllwchaearn, Llandysiliogogo, Llanarth, Penbryn, Llandysul, Blaen-porth, Llandygwydd, Tre-main, Llandyfrïog, Llanina, a Throed-yr-aur.[4] Pan laddwyd Ieuan Lloyd ap Lewis o Lanychaearn yn Llanafan yn 1566, bu'r cwest ym mhlwyf ei gartref, a deuai'r rheithwyr o Lanychaearn, Llanilar, Llanfihangel-y-Creuddyn a Llanfihangel Genau'r-glyn.[5] Yn achlysurol iawn fe gawn fwy o wybodaeth. Pan foddwyd Evan Bartholemew yn afon Teifi yn 1668, y rheithwyr oedd:[6]

---

[4] WALES 4/885/1/15.

[5] WALES 4/883/5/24.

[6] Hugh Richard: WALES 4/885/1/15. Ieuan Lloyd: WALES 4/883/5/24. Evan Bartholomew: WALES 4/885/6/11.

Thomas Jenkin, ywmon; Thomas Lewis o Ferwig, ywmon; Lewis Pugh; Owen James, cowper; Philip Morgan, gwneuthurwr menig; William John Griffith; David William, pobydd; Thomas Griffith, cyfrwywr; Hector Gambold, gwneuthurwr menig; Thomas Parry Bowen; John Owen, saer coed; John Griffith David; William Rees, plastrwr; Nicholas John, melinydd; George John Prise.

Mae'n debyg eu bod oll, heblaw'r dyn o Ferwig, yn drigolion tref Aberteifi.

O fwrw golwg dros gofnodion cwest y cyfnod, y mae'r nifer a foddwyd yn afonydd Ceredigion yn achos syndod. Ar wahân i'r achosion o hunanladdiad trwy foddi, a Mary Thomas, Tre-main, a foddodd ei baban yn yr afon yn 1686,[7] nid yw'n hawdd deall pam yr oedd pobl mor barod i syrthio i afonydd Teifi, Rheidol, Ystwyth, Cledlyn a Ffrydmor. Nid yw'n syn mai afon Teifi oedd yr afon a foddodd fwy na'r un afon arall; hi yw afon hwyaf a dyfnaf Ceredigion. Ond yr oedd pontydd ar yr afonydd; y mae cofnodion y llys yn profi hynny, oherwydd yr oedd yr ustusiaid yn cwyno byth a hefyd fod angen trwsio degau ohonynt, fel na fyddai'n rhaid i bobl groesi trwy'r dŵr. Ond o'r wyth deg tri o gofnodion cwest a erys, y mae tri dwsin yn cofnodi marwolaeth trwy foddi'n ddamweiniol. Y mae hynny'n cynnwys David ap David, a syrthiodd i'r môr yn Llangrannog yn 1547, a Margaret ferch Rees, a gwympodd i'r môr ym Mwnt yn 1573. Yn 1565 cwympodd Ieuan Lloyd ap Rees i un o'r ffynhonnau dŵr yn Aberystwyth a boddi ynddi.

Y mae mwyafrif y cofnodion yn ddigon moel; syrthiodd Ieuan ap Jenkin Griffith o bont Aberteifi i'r afon yn 1551; cwympodd Mary vch Morris o Lanfihangel-y-Creuddyn i afon Rheidol yn yr un flwyddyn; boddwyd Hugh ab Evan ap Hugh yn afon Cletwr Mawr yn 1655; boddwyd William ap William, Penbryn, yn afon

[7] WALES 4/886/3/13.

Ceri yn 1656; boddwyd Griffith Rees ger Aberteifi yn afon Budyr yn 1656; boddwyd Humphrey James o Lanbadarn Fawr, saer coed, yn afon Rheidol yn 1668 . . . mae'r rhestr yn faith. Y mae'n hawdd deall fod plant yn boddi. Yr oedd gan Thomas Morgan, labrwr o Dre-main, ferch o'r enw Elen oedd yn un ar ddeg oed pan foddodd yn afon Teifi yn 1668, ac aeth pum mis heibio rhwng ei marwolaeth a'r cwest, am nad oedd neb wedi rhoi gwybod i'r awdurdodau fel y mynnai'r gyfraith. Marwolaeth erchyll oedd tynged y plentyn Evan John, a gwympodd i ffrwd Melin Ganol ym mhlwyf Penbryn yn 1690, ac a sugnwyd *inter denticulos*, i grombil olwyn y felin.[8]

Ymhlith achosion y rhai a foddwyd, yr un mwyaf diddorol o ddigon yw marwolaeth David Morgan, a foddwyd wrth groesi o Gilgerran i Goedmor 'in a Corragull' (cwrwgl), a chafwyd ei gorff mewn man a elwyd 'ynis y bailie'. Anodd deall sut y bu Llewelyn ap Rees farw; os iawn y darllenaf y ddogfen ddyrys, yr oedd yn rhedeg ar ôl oen pan syrthiodd i afon Ystwyth ger blaen Cwm-ystwyth. Go brin y byddai neb yn boddi mor uchel i fyny'r afon honno oni bai iddo gael ei anafu'n gyntaf.[9]

Gwelsom i Catrin ferch Gruffydd ei chrogi ei hun, ac un arall a'i crogodd ei hun oedd Morgan ap Owen, a roes 'a Runnynge knott' mewn rhaff ac ymgrogi yn 1616. Gwnaeth Golau Rees o Lanfihangel-y-Creuddyn yr un peth yn Rhagfyr 1658. Ond yr oedd yn well gan nifer o'r rhai a fynnai farw eu taflu eu hunain i afon, megis y gwnaeth Lettis Lewis o Langoedmor yn 1659 yn afon Ffrydmor, ac Elizabeth gwraig Francis Phillips yn afon Cledlyn yn 1682.[10]

[8] Ieuan ap Jenkin: WALES 4/883/3/3. Mary ferch Morris: WALES 4/84/1/13. Hugh ab Evan: WALES 4/884/9/13. William ap William: WALES 4/884/9/12. Griffith Rees: WALES 4/884/9/14. Humphrey James: WALES 4/885/6/16. Elen Morgan: WALES 4/885/6/12. Evan John: WALES 4/886/5/1.

[9] David Morgan: WALES 4/884/9/15. Llewelin Rees: WALES 4/883/3/9.

[10] Morgan ab Owen: WALES 4/884/2/6. Lettis Lewis: WALES 4/884/12/36; Golau Rees: WALES 4/884/12/37; Elizabeth Phillips: WALES 4/885/13/36.

Boddi oedd y ddamwain fwyaf cyffredin, felly, ond byddai damweiniau diflas eraill yn digwydd o dro i dro. Yn 1659 cwympodd Francis Lloyd, Llanbadarn Fawr, o ben tas wair a tharo'i ben yn erbyn postyn; syrthiodd y weddw Mary David Morris, Betws Ifan, i dwll bychan yn 1668 a marw ynddo. Nid oedd amheuaeth am farwolaeth Owen Evan, Penbryn, yn 1679; syrthiodd ar fanc Naid-yr-hwrdd am dri o'r gloch y prynhawn a thorri ei wddf, ond ni bu farw tan saith y nos. Tybed ai sglefrio o ran hwyl oedd David John, Llandysul, pan gwympodd ar y rhew ar afon Teifi yn Rhydowen yn Ionawr 1668? Nid yw'n glir o'r adroddiad ai cwympo ar y rhew neu drwy'r rhew a wnaeth, ond trengodd, beth bynnag. Yn Ionawr 1696 bu farw Elizabeth Morgan mewn storm eira ym Mlaen Cribwr, Llandysul, ond ni chynhaliwyd cwest arni tan fis Gorffennaf. Dim ond un cyfeiriad at dân sydd yn y cofnodion; yn 1648 lladdwyd Griffith David Thomas, Llangoedmor, gan dân.[11]

Y mae ffermwyr yn gwybod pa mor beryglus yw tractor, ond roedd bywyd di-dractor y cyfnod cynnar hwn yn ddigon peryglus hefyd. Yn 1696 yr oedd cwest yng nghartref Thomas Richard, Llechryd, mewn achos braidd yn rhyfedd. Yr oedd John David, Llandysilio, wedi mynd i ogof yn Nghwm Cynon, o'r enw Penyderw, ac yno fe gwympodd gambo arno. O leiaf, dyna'r synnwyr gorau a gaf o'r geiriau; pan gredai clerc bod angen ddiffinio rhywbeth, byddai'n cynnig cyfieithiad Saesneg o'r gair pwysig mewn cromfachau, a defnyddiodd y clerc yn yr achos hwn y geiriau Saesneg 'cave' a 'tumbrell', sy'n golygu cert neu gambo.[12]

Gallai damwain beri braw, yn enwedig i'r sawl fyddai'n bresennol pan ddigwyddai'r anffawd. Ar ddydd Calan 1556 yr oedd dau hwsmon o blwyf Caron, Rees ap Rees a David ap Llewelyn, yn

[11] Francis Lloyd: WALES 4/884/12/39. Mary David Morris: WALES 4/885/6/13. Owen Evan: WALES 4/885/10/19. David John: WALES 4/885/6/14. Elizabeth Morgan: WALES 4/887/2/18. Griffith David Thomas: WALES 4/884/6/18.
[12] John David: WALES 4/887/2/19.

chwarae â rhyw fath o waywffon. Trywanwyd Rees trwy ei galon, a ffodd David o'r fro, er nad oedd neb yn ei gyhuddo o ddim. Y mae'r ddogfen yn ein goleuo ym mater enwau pobl, oherwydd, er mai David ap Llewelyn oedd enw ffurfiol un o'r ddau, cofnodwyd hefyd ei enw ar dafod leferydd, sef Deio Benwyn.[13]

Dim ond unwaith y mae sôn am salwch fel y cyfryw; yn 1662 bu farw Thomas David, Llangoedmor, o'r clwy digwydd. Mae'n debygol y byddai pobl wedi tystiolaethu i'r ffaith ei fod yn cael ffitiau. Nid oedd mor hawdd dedfrydu pan gwympai pobl yn farw yn annisgwyl, a dedfryd arferol y rheithwyr fyddai mai ymweliad dwyfol a laddodd y person, megis pan fu farw David Pugh, Ystrad Aeron, ym Mhen-y-lan Fawr am bedwar o'r gloch y bore yn 1682 . Ceir achosion yn y dogfennau hyn lle na wyddai neb pwy oedd y person fu farw, megis yn Llandyfrïog yn 1700. Cafwyd hyd i gorff dyn a elwir gan y clerc yn *ignotus*, person anadnabyddus, ac ym marn y rheithwyr fe fu farw trwy ymweliad dwyfol.[14]

Y mae cofnodion cwest mewn achosion o lofruddiaeth neu ddynladdiad yn eithaf cyffredin; yr oedd y Cardis yn llawer mwy chwannog i ladd ei gilydd yr adeg honno nag y maent heddiw, yn enwedig o gofio fod y boblogaeth heddiw o leiaf chwe gwaith yn fwy niferus. Y mae pennod naw yn trafod yr achosion llofruddiaeth hynny lle ceir disgrifiadau gan dystion; yn y bennod hon ni cheir ond yr achosion hynny lle mae cofnod cwest yn unig yn goroesi. Ymhlith y dogfennau cwest y mae tri ar ddeg yn cofnodi marwolaeth trwy drais bwriadol, gan gynnwys dau achos o faban-laddiad. Ond y mae dogfennau eraill yn dangos fod llawer mwy o bobl na'r rhain wedi cael eu lladd yn fwriadol.

Cyfeiriwyd eisoes at lofruddiaeth â dryll yn eglwys Llanwnnen, ond yr oedd yn well gan y Cardis arfau mwy personol, agos-atoch.

---

[13] Rees ap Rees: WALES 4/883/4/6.
[14] Thomas David: WALES 4/885/1/17. David Pugh: WALES 4/885/14/18. Ignotus: WALES 4/887/4/61.

Yn Lledrod, ar 30 Awst 1551, ymosododd Ieuan ap Rees ap Gwilym, ywmon, â chryman ar Elen ferch Griffith, gwraig briod. Fel y digwydd droeon yn y cofnodion hyn, bu Elen yn llusgo byw am dair wythnos cyn marw. Yn 1661 trawodd Richard Jenkin o Landdewibrefi Richard Rosser ar ei ben, a hynny ar y mynydd ym mhlwyf Llanddewibrefi. Y mae mwy o dystiolaeth am ffermwyr a bugeiliaid yn cweryla at waed ym mhennod naw.[15]

Er nad oedd y fath beth â gwyddor fforensig yn bodoli cyn y ganrif ddiwethaf, gwyddai pobl nad gwaith hawdd oedd penderfynu achos marwolaeth. Nid yw gweld clwyf ar dalcen corff person yn profi iddo farw o ergyd ar ei benglog; gallai fod wedi cael y clwyf wrth gwympo. Rhan o waith y rheithwyr, neu dystion eraill, oedd edrych ar y corff a datgan a oedd unrhyw glwyf neu glwyfau yn ddigon i esbonio'r farwolaeth. Mesurid hyd, lled a dyfnder pob clwyf difrifol, a rhoddid mesuriadau yn adroddiad y cwest. Yr oedd yn arfer hefyd nodi pris unrhyw arf a ddefnyddid i achosi'r farwolaeth, oherwydd yr oedd bellach yn eiddo i'r awdurdodau, a chanddynt hawl i'w gwerthu.

Felly, pan laddwyd David Morgan gan Rees John, Troed-yr-aur, ywmon, yn 1700, yr oedd ganddo yn ei law fflangell werth deg ceiniog, ac achoswyd clwyf ar ben Rees John a oedd yn un fodfedd o hyd ac o led, a dwy fodfedd o ddyfnder. Ond yr adroddiad cwest mwyaf trawiadol ohonynt yw'r un am lofruddiaeth Ieuan Lloyd ap Lewis, yswain, o Lanychaearn. Y mae'r teitl 'yswain' yn ddigon i dynnu sylw; rheng yn uwch na *generosus* (gŵr bonheddig) oedd yswain, ac yr oeddynt yn ddynion o bwys yn y sir. Ar 28 Mai 1565, yr oedd Ieuan Lloyd wedi mynd i fyny dyffryn Ystwyth i Lanafan i chwilio am ddrwgweithredwyr, ac i gadw'r heddwch rhwng arglwyddi a'u gweision, yn ôl yr adroddiad a wnaethpwyd wedi'r cwest yn Llanychaearn. Yno, ymosododd Richard ap Morris Fychan,

---

[15] Elen ferch Griffith: WALES 4/883/3/10. Richard Rosser: WALES 4/885/1/16.

generosus, arno, ag arf pigog yn ei law dde. Rhoes ergyd gas i Ieuan Lloyd ar ochr chwith ei ben, a syrthiodd hwnnw i'r ddaear. Trawodd Richard ef eilwaith, gan agor clwyf saith modfedd o hyd. Cariwyd ef adref i Lanychaearn, a bu'n llusgo byw am wythnos cyn marw ar 6 Mehefin. Mae'n arwydd o bwysigrwydd Ieuan Lloyd fod y cwest wedi digwydd y diwrnod dilynol.[16]

Ond beth am y llofrudd, Richard ap Morris Fychan? Yn ôl y rheithwyr, yr oedd wedi ffoi, a pha syndod, oherwydd yr oedd lladd dyn o statws yn y sir yn drosedd sylweddol. A phwy oedd Richard ap Morris Fychan, y bonheddwr o Lanafan? Rhaid mai un o deulu Vaughaniaid Trawsgoed oedd, oherwydd go brin y byddai dau fonheddwr o'r un enw mewn plwyf mor fychan. Yr oedd Richard ap Morris Fychan, Trawsgoed, wedi trefnu priodas ei fab, Morris ap Richard, yn 1547, priodas a roes sail i ddatblygiad stad Trawsgoed. Ond y mae problemau. O 1560 ymlaen y mae'r dogfennau yn archif Trawsgoed yn enw Morris ap Richard, y mab. Pe bawn yn dibynnu ar y ffynhonnell gyfoethog honno yn unig, gellid tybio bod Richard ap Morris wedi marw. Ond yn y Llyfrgell Brydeinig y mae dogfen sy'n dangos i Richard brynu tiroedd yn 1564![17] Mae'n bosibl mai mab yr ail Morris yw hwn, ŵyr i'r Richard gwreiddiol, ond mae'n anodd credu hynny; buasai'n ifanc iawn.

Dyma rwystredigaeth hanesydd; nid oes ateb pendant i bob cwestiwn. Ond tueddaf i dderbyn mai hen benteulu Trawsgoed yw'r un a ddaliwyd yn gyfrifol gan y rheithgor yn achos marwolaeth Ieuan Lloyd. Gor-gor-gor-gor-gor-gor-gor-gor-gor-gor-gor-gor-gor-gor-hen dad-cu i'r iarll Lisburne presennol oedd Richard ap Morris Fychan. Os mai ef fu'n gyfrifol, beth, tybed, oedd y rheswm am y fath ymosodiad chwyrn? Un o wendidau'r adroddiadau cwest yw nad oes lle ynddynt i drafod cymhellion pobl, ac yn niffyg unrhyw

[16] Ieuan Lloyd ap Lewis: WALES 4/883/5/24.
[17] Y Llyfrgell Brydeinig: Egerton Charter 287 dyddiedig 14.3.1563/4.

dystiolaeth arall ni allwn farnu beth a ddigwyddodd y noson honno yn Llanafan, gerllaw plas bychan Trawsgoed. Ac nid oes modd gwybod beth ddigwyddodd i Richard ap Morris. Yr oedd yn hawdd i ddyn a chanddo ychydig o fodd bydol ddiflannu am gyfnod, a hyd yn oed petai wedi sefyll ei brawf, diau y byddai wedi cael ei esgusodi, neu gael ei gosbi am ddynladdiad yn hytrach na llofruddiaeth. Y mae un peth yn sicr; dengys dogfennau eraill yn yr un ffeil â'r adroddiad cwest fod ei fab, Morris ap Richard, yn rhy brysur yn 1565 yn poeni am faterion eraill i roi ei holl sylw i'r hyn a ddigwyddodd i'r dyn pwysig o Lanychaearn – yr oedd yntau'n grwner, yn cynnal cwest.

PENNOD 6

BYWYD OFFEIRIAID CEFN GWLAD

Yng Nghymru erstalwm, pan orweddai dyn neu ddynes yn agos at
farw, a'r teulu a'r cymdogion yn ymgasglu o gwmpas y gwely i
glywed dymuniadau olaf y claf, dyn anhepgor oedd yr offeiriad
plwyf, a fyddai'n cymryd nodiadau ac yn paratoi'r ewyllys, yn ei
harwyddo fel tyst, ac yn derbyn mollt neu swm o arian am ei
drafferth. Gwyddom enwau llawer o offeiriaid plwyf Ceredigion
o'r ewyllysiau hyn. Ond pwy oeddynt? Pa fath fywyd oedd eiddynt,
a faint ohonynt a wnâi ewyllys eu hunain? Gwaetha'r modd, er bod
enwau megis Edward ap Hugh (Llanfihangel-y-Creuddyn) a Morris
ap Griffith (Llanbadarn Fawr) yn enwau cyfarwydd i mi wedi imi
ddarllen cymaint o'u dogfennau, nid oeddynt yn fwy parod na
gweddill y boblogaeth i wneud ewyllys. Serch hynny, y mae digon
o ewyllysiau offeiriaid wedi goroesi i fod yn ffynhonnell ddiddorol,
i roi rhyw syniad i ni o'r hyn oedd seiliau bywyd offeiriad cefn
gwlad yn ystod y cyfnod cyn ac ar ôl 1600. Cyfyng yw tystiolaeth
y dogfennau; ni fyddai modd credu, o'u darllen, i un offeiriad o'r
sir, Hugh David o Lanarth a Llanina, gael ei ddienyddio yn 1592
am iddo feirniadu'r frenhines a hiraethu am yr hen ffydd; ni wnaeth
ewyllys.[1] Offeiriad arall o Lanarth a fu o flaen ei well oedd David
Griffith, a hynny yn 1611. Yr oedd ef, yn ddyn deugain oed, wedi

[1] Gw. James Cunnane, 'Ceredigion and the Old Faith', *Ceredigion*, XII, 2
(1994), tt. 9-12.

cipio merch bymtheg oed liw nos o gartref ei mam a'i phriodi yn erbyn ei hewyllys; yr oedd hefyd wedi dwyn darn o dir a dwyn gwarth ar ben y tenant o flaen allor Llanarth.[2] Ni wyddom beth fu ei gosb – ond gadawodd ewyllys (gweler pennod pedwar).

Er gwaethaf eithriadau fel y ddwy yna, tawel, digyffro a thlodaidd – dyna'r syniad cyffredin am fywyd offeiriaid cefn gwlad sir Aberteifi. Yr oedd ychydig ohonynt yn ffodus am eu bod yn dal swyddi eglwysig braf neu am eu bod yn aelodau o deuluoedd cyfoethog, ond byddai'r gweddill mewn plwyfi lle'r oedd lleygwyr yn berchennog ar y degwm, ac yn caniatáu dim ond ychydig o incwm i'r ficer neu'r curad. Yr oedd mwyafrif y plwyfi heb ficerdai, ac oherwydd ei dlodi ni fyddai'r offeiriad tlotaf yn medru priodi, ond yn gorfod cymryd ystafell a chrafu byw fel y medrai. Evan Evans o Ledrod, sef Ieuan Fardd (1731-1788), yw'r enwocaf o'r math yna o offeiriad; athrylith rhwystredig, yn llusgo'i sgrepan a'i domen o lyfrau o guradiaeth i guradiaeth, weithiau'n cael swydd lle na châi ddim ond ei gadw yn unig, heb yr un geiniog o gyflog.

Dyna'r syniad cyffredin, ac er bod llawer o wirionedd ynddo, yr oedd y sefyllfa'n fwy cymhleth na hynny, os gallwn gredu tystiolaeth ewyllysiau offeiriaid sir Aberteifi yn oes Elisabeth I a'r Stiwartiaid. Bu farw Morgan ap Howell, ficer Castell Gwallter (sef Llanfihangel Genau'r-glyn) yn 1563. Yr oedd cyflwr crefyddol y wlad yn simsan iawn yn dilyn dadwaddoli'r mynachlogydd yn 1535-39, diwygiadau Edward VI (1547-53), a'r dychwelyd i Rufain dan Mari I (1553-58). Nid oedd hi'n hawdd i offeiriaid gadw eu swyddi yn ystod y cyfnod cythryblus hwn, ac ni wyddwn sut gydwybod oedd gan Morgan ap Howell. Yr oedd, yn ôl pob tebyg, yn hen lanc. Yr oedd sawl offeiriad yn cadw gordderch cyn y diwygiadau, ac yn manteisio ar y cyfle i briodi pan ddaeth newid, ond gwaharddai

---

[2] Gw. G. Dyfnallt Owen, *Wales in the Reign of James* I (1988), tt. 87-88.

Mari briodasau offeiriaid. Y mae'n bosibl bod Morgan ap Howell, yn ei galon, yn glynu wrth yr hen ffydd.

Os disgwyliwn i'r offeiriaid cefn gwlad hyn fod yn ddarllenwyr ac yn ysgolheigion, y mae'r dystiolaeth yn eisiau. Nid oeddynt chwaith yn chwannog i roi'n fwy hael at elusennau na ffermwyr eu plwyfi. Y mae'n wir bod Morgan ap Howell wedi gadael punt i dlodion ei blwyf, ond o ran gweddill ei ewyllys, gallai fod yn hen lanc o ffermwr. Yr oedd ganddo lawer o ddefaid a rhywfaint o wartheg – nid yw'n bosibl dweud yn union faint – a rhannodd hwynt ymhlith ei neiaint a'i nith, plant ei frawd Philip ap Howell (nid yr un dyn â hynafiad Poweliaid Nanteos).

Heblaw am ei ddefaid, yr oedd sawl swm o arian, ac anifeiliaid a chaws, yn ddyledus i Morgan ap Howell. Nid yw'r symiau unigol yn fawr – yr un ohonynt yn fwy na dwybunt. Deunaw o ddynion a menywod sy'n cael eu henwi, ond yr oedd arno yntau symiau o arian i ddeg o bobl, gan gynnwys saith swllt i John y gof. Yr oedd arian parod yn brin yn y gymdeithas, a rhaid tybio bod pobl yn cyfnewid nodiadau credyd yn niffyg llyfr sieciau.

Y mae ewyllysiau diweddarach yn cadarnhau'r dyb fod Morgan ap Howell yn ffermwr yn ogystal ag yn ficer. Er enghraifft, bu farw Thomas Gwyn, ficer nesaf Llanfihangel Genau'r-glyn, yn 1587 (profwyd ei ewyllys yn 1590), a bu'n fwy haelionus na'i ragflaenydd – gadawodd £6 13s 4c i dlodion y plwyf, a chweugain i drwsio'r eglwys. Yr oedd hefyd yn ddyn priod, *ac* yr oedd ganddo blentyn siawns, sef Ieuan ap Thomas, ei unig fab, a gadawodd ei dad ddwy fferm iddo. Ond y dyn pwysicaf yn yr ewyllys yw'r mab-yng-nghyfraith, Morris Vaughan. Bonheddwr lleol ydoedd, perchennog Glanleri ac ynad heddwch. Efe a benodwyd yn sgutor yr ewyllys, i gynorthwyo'r weddw, Maud, ac i etifeddu tiroedd eraill Thomas Gwyn, sef dwy fferm a nifer o diroedd eraill.

Nid yw'r ffaith bod Thomas Gwyn yn berchen tir yn ddigon i brofi ei fod yn ffermio, a chollwyd ei restr eiddo a fu unwaith ynghlwm wrth yr ewyllys,[3] ond dengys y ddogfen yn glir mai ar y tir y treuliai'r ficer lawer o'i amser. Yr oedd ganddo o leiaf ddau ych, pymtheg o wartheg, saith deg o ddefaid a phum deg wyth oen. Ac yr oedd yn gyfoethog – rhannai roddion o arian i bob cyfeiriad, ac yn bennaf oll:

To my brother Roger Gwyn £60 to be divided among the poorest sorte of my ffreindes and kynnesmen by his good Direction.

Rhaid mai dyn o sylwedd oedd Thomas Gwyn, ond gan na allaf olrhain ei deulu, ni wn o ble y daeth ei gyfoeth.

Ffermwr-offeiriad arall oedd David Morris, ficer Llanilar, a fu farw yn 1608. Rhoes yntau ychydig o arian (6s 8c) i flwch tlodion ei blwyf, ond gallai'r gweddill fod yn ewyllys ffermwr cefnog. Deg punt ar hugain i'w ferch, Gaenor, ar gyfer ei phriodas, a choffor, gwely plu, pedwar cynfas, clustog, dwy flanced a chwe llathen o liain yn nwylo Ieuan ap Wiliam y gwehydd yn Llanychaearn – rhoddion sy'n awgrymu bod priodas Gaenor yn agosáu. Rhaid oedd i'w chwaer, Mari, fodloni ar saith o wartheg duon. Llai byth oedd cymynrodd Elen, y ferch hynaf, sef dau fesur o ŷd – ond mae'n siŵr ei bod eisoes yn briod, ac wedi cael ei gwaddol yn ystod oes ei thad.

Tri mab oedd gan David Morris, ac yr oedd yn awyddus i wneud ei orau drostynt. Yn ystod ei oes yr oedd wedi rhoi benthyg arian ar forgais i berchennog Tyddyn-y-berth, a rhoes hwnnw i'w ail fab, Jenkin. Rhoes ugain punt i'w fab, Richard, a £6 13s 4c i'w fab, Thomas. Y mab hynaf, Philip David, a etifeddodd bopeth arall. Ar wahân i Elen, yr oedd yr holl blant dan un ar hugain oed, a chan fod eu mam wedi marw, yr oedd yn rhaid penodi gwarcheidwaid iddynt, yn cynnwys y sgwïer lleol, David Lloyd o Aber-mad. Fel

[3] Profwyd yr ewyllys yn Llundain a chedwir hi yn y Swyddfa Cofnodion Cyhoeddus.

Morgan ap Howell, rhoes David Morris fenthyciadau arian a mesurau o ŷd i nifer o ddynion, a chael benthyg symiau hefyd. Nid oedd modd gwybod a oedd yn optimist wrth ewyllysio symiau sylweddol o arian i'w feibion, ond byddai llawer yn marw gan gredu eu bod yn werth mwy nag yr oeddynt mewn gwirionedd. Yn ychwanegol at yr arian, yr oedd stoc sylweddol gan David Morris: pum deg chwech o wartheg, saith deg saith o ddefaid, a deg o geffylau – byddai ywmon llwyddiannus yn falch o gael cymaint. Y mae'n wir bod rhai ohonynt yn nwylo dynion eraill, ond yr oedd hynny'n beth cyffredin, a thybiaf mai ar log y byddai anifeiliaid felly, i ddynion nad oedd ganddynt ddigon o gyfalaf i brynu eu stoc eu hunain. Heblaw am yr anifeiliaid, yr oedd David ap Morris yn tyfu ŷd, ac yr oedd cyfanswm gwerth ei eiddo yn £81 19s 8c.

Gwartheg, ceffylau, defaid – heb sôn am eifr – stoc ffermwr, bid siŵr, ond yr oedd gan offeiriad fodd i gynyddu ei stoc nad oedd yn agored i ffermwr. Ysgrifennwyd mwyafrif ewyllysiau'r cyfnod gan offeiriaid, a disgwylient dâl am eu gwaith. Gallai fod yn swm o arian, ond yr un mor aml fe fyddai'r claf yn cymynnu mollt neu dreisiad i'r offeiriad; dyna, er enghraifft, David Griffith ap Ieuan o Lansanffraid yn 1610:

> I give and bequeth to Sir Llewelyn Morgan my ghostly father on bullock of a yeere old.[4]

Y mae'n amlwg fod gan David Morris gyfoeth ffermwr – ond a oedd ganddo lyfrau, fel y gellid disgwyl gan offeiriad? Y mae'r rhestr eiddo'n ddistaw. Ond gan fod ei eiddo personol ('household stuff') heb ei ddisgrifio, y mae'n bosibl fod Beibl ymhlith yr eiddo hwnnw.

Oni bai i David Morris ddweud wrthym yn rhagymadrodd ei ewyllys ei fod yn offeiriad, gallem fwrw ei fod yn ffermwr cefnog. A dyna'r gwirionedd am fwyafrif ewyllysiau offeiriaid y cyfnod;

---

[4] *My ghostly father* = *my spiritual father*. Defnyddiwyd y teitl 'Syr' i ddynodi offeiriad.

Rees Lewis o Lanfihangel Ystrad Aeron, er enghraifft, a fu farw yn 1609 – yr oedd hwnnw'n berchen ar Tirycymerau, Tirybryngwyn, Gweirgloddyclytiau, Rhyd-y-gof, Pen-y-wern a thiroedd eraill nad oes modd dehongli eu henwau. Rhannwyd y tiroedd hyn rhwng ei dri mab, a rhoes ddeg punt ar hugain i'w ferch, Mari, ar gyfer ei phriodas. Gwartheg, ceffylau, defaid ac ŷd, y cyfan yn werth hanner canpunt; doedd dim rhaid i Rees Lewis ddibynnu ar y degwm am fodd i fyw. Y flwyddyn wedyn bu farw Hugh Thomas, offeiriad Llanwnnen. Nid oedd mor gefnog â Rees Lewis a David ap Morris; pum punt ar hugain oedd gwerth ei anifeiliaid, a rhaid oedd rhannu hynny rhwng ei feibion, John, David a Thomas, ei ferched, Mari a Margaret, heb sôn am ei weddw, Gole, a'i wyrion.

Gan amlaf nid oes modd gwybod pwy oedd yr offeiriaid hyn – hynny yw, a oeddynt yn feibion iau mewn teuluoedd cefnog, neu'n ddynion oedd wedi llwyddo i gael digon o addysg i ennill swydd eglwysig. Ond yr oedd Richard Lloyd, Llanina, fu farw yn 1611, yn aelod o deulu blaenllaw iawn yn sir Aberteifi. Yr oedd yn M.A. o Eglwys Crist, Rhydychen, ac yn rheithor Llangeitho. Ymhlith y rhai oedd wrth erchwyn ei wely angau yr oedd nifer o wŷr bonheddig, a chan nad oedd ganddo blant, gadawodd ei eiddo i'w weddw a'i berthnasau, gan gynnwys Thomas Lloyd, Yswain, a Francis a Marmaduke Lloyd, ei neiaint. Dynion mawr eu cyfnod yng nghanolbarth sir Aberteifi a'r tu hwnt oedd y rhain. Un o feibion Hugh Llewelyn Lloyd, Llanllŷr, oedd Richard, ac yn frawd i'r Dr Griffith Lloyd, prifathro Coleg Iesu, Rhydychen. Brawd arall iddo oedd y Parchedig Thomas Lloyd fu'n drysorydd esgobaeth Tyddewi, ond y Thomas Lloyd fu'n dyst i'w ewyllys oedd ei nai, sgwïer Llanllŷr wedi marwolaeth Morgan Lloyd yn 1604. Dyrchaf-wyd ei nai, Marmaduke Lloyd, yn farnwr ac yn farchog cyn ei farwolaeth yn 1651.

Bu Richard Lloyd yn fwy elusengar na mwyafrif ei frodyr clerigol; rhoes bumpunt at drwsio Capel Crist, punt i dlodion

Trefilan a phunt i dlodion Llanarth a Llanina. Ni wn pam y rhoes ddwybunt i dlodion plwyf Llangwm, sir Benfro. Yr oedd ganddo diroedd ym mhlwyfi Llanina, Llanllwchaearn, Llanerchaeron a Llanarth, ac fe'u gadawodd i'w weddw a'i neiaint, ynghyd â symiau o arian i berthnasau eraill. Nid oedd rhestr eiddo gyda'r ewyllys, ond ef oedd y cyfoethocaf o blith offeiriaid sir Aberteifi yn y cyfnod hwn a adawodd ewyllys.[5]

Dair blynedd wedi hynny, yn 1614, bu farw John Hughes, offeiriad Trefilan, a haeddai fod ymhlith y tlodion yn y plwyf y rhannwyd punt Richard Lloyd yn eu plith. Un ceffyl, dwy flanced, un glustog a chynfas gwely, ac un coffor – dyna oedd holl eiddo John Hughes, gwerth £1 15s 8c. Rhoes ei geffyl i ryw Rees Morgan, a'i benodi'n sgutor, gan nad oedd ganddo wraig na phlentyn cyfreithlon. Ond yr *oedd* ganddo blentyn siawns, sef John ap John, 'begotten on the body of Johane vch Hugh', a hwnnw a gafodd ei ddillad:

my best dublet, shuerte, shoes, hatt and ii of my best bands my Jerkin and britches . . .

Druan ohono, ef oedd un o offeiriaid tlotaf sir Aberteifi.

Dyn gwell ei fyd na John Hughes oedd Edward Jones, fu farw yn 1619. Mae'n wir y disgwyliwn iddo feddu ar fwy nag anifeiliaid ac ŷd gwerth £17 10s 0c, oherwydd yr oedd yn rheithor Rhostïe (ger Llanilar), ac yr oedd statws rheithor yn uwch nag un ficer neu gurad. Ond plwyf bychan iawn oedd Rhostïe, a'r incwm yn fach (£13 y flwyddyn), ac efallai mai dyna'r rheswm pam na phriododd, yn ôl tystiolaeth yr ewyllys, am nad oes sôn yno am wraig na phlant.

Y mae mwyafrif ewyllysiau'r offeiriaid yn fyr; ond yr oedd Griffith Prichard, ficer Cilcennin a Llanbadarn Trefeglwys, yn alltud o sir ei enedigaeth, sef Meirionnydd, pan fu farw yn 1636, a chan

---

[5] Ceir manylion heblaw'r hyn sydd yn yr ewyllys yng nghasgliad Lucy Lloyd Theakston, *Some Family Records and Pedigrees of the Lloyds* (Rhydychen, 1912).

fod ganddo diroedd yno, ond dim etifedd, yr oedd yn rhaid bod yn ofalus. Nid oedd yn esgeulus o'r tlodion; rhoes ddau fesur o ŷd i'w rannu ymhlith pobl anghenus ei blwyfi. Mwy diddorol yw ei gymynrodd elusennol arall:

I thinke it allsoe a deede of Charitie and a most comendable work before God to repayre decayed Bridges that the people may travayle safelie without danger I therefore giue towards the mending of the Bridge of Llanullted in the Countie of Merioneth xs.

Yn ôl traddodiad, yr oedd y sgwïer a'r person plwyf i fod yn agos, ac yr oedd hynny'n wir yng Nghilcennin. Y sgwïer yno yn 1636 oedd Henry Vaughan, ail fab Edward Vaughan, Trawsgoed. Yr oedd wedi priodi â merch Rowland Stedman, etifeddes stad Cilcennin, ac yn ôl ewyllys Griffith Prichard, yr oedd wedi creu parc o gwmpas y plas, a mur o gerrig o'i amgylch. I wneud hyn, bu'n rhaid i Henry Vaughan gyfnewid lleiniau o dir Griffith Prichard, ond nid oes modd gwybod sut yr oedd yr offeiriad wedi prynu'r lleiniau yn y lle cyntaf.

Beth bynnag, gadawodd Griffith rai o'i diroedd yng Nghilcennin i'w wraig, Maud David:

with whome I Coupled my selfe and liueing with her in the feare of God and in the blessed estate of weddlocke and she being my fleshe . . .

Yn ystod ei hoes yn unig y câi Maud y tiroedd hynny; dymuniad Griffith oedd iddynt fynd, wedi iddi farw, i ddau o'i neiaint. Gan fod deg nai yn cael eu henwi yn yr ewyllys (pedwar ohonynt yn John, a dim sôn am yr un nith), nid oes pwrpas creu dryswch trwy fanylu'n ormodol. Yr oedd rhywbeth o'r un syniad ym meddwl Griffith ap Richard, oherwydd gwyddai pa mor frau oedd einioes dyn yr adeg honno, a'i brif fwriad oedd gadael ei eiddo i:

such person or persons of the Offsprins or progeine of Richard
ap David my late father deceased lineally discending from him
that shall from tyme to tyme possesse and inheritt that house
Lands and Tenements called y Kae Gwernog in Cwmgwning
in the Countie of Merioneth where I was borne . . .

Yr oedd y neiaint yn fechgyn ffodus, gan fod Griffith yn berchen ar
diroedd sylweddol yng Nghilcennin heblaw am y rhai oedd i'w
weddw; dyma nhw:

Tythyn-y-perthi-duon, Bryn-yr-orsedd, Llain-y-garth, Tir-y-beili-
bach, Tir-y-berth-lwyd, Llain-y-ffynnon-dan-y-garth, Llain-y-
garn-wen, y Llain Fforchog, Tir-y-bont-fach, Tir-David-Rees-
ap-Cantor, Tir-y-perthi-llwydion, Llain-y-geuallt and allsoe
the Kings Maiesties Lands which is usually occupied and
enioyed to and with the said Lands . . .[6]

Yr oedd tri o'r lleoedd hynny yn ffermydd, a'r gweddill yn ddarnau
gwasgaredig, yn nodweddiadol o dirwedd yr oes.

Poenai Griffith Prichard lawer am ei diroedd, ond beth am ei
barchus swydd? Nid oes fawr ddim tystiolaeth yn ei ewyllys,
heblaw yn rhestr y tystion; yr oedd Morris Powell, rheithor Betws
Bledrws, John Prichard ac Ieuan Jenkins, offeiriaid, yn bresennol.
Fel y mwyafrif o'r offeiriaid hyn, ffermiai ei diroedd; yr oedd
ganddo bedwar ych, un deg naw o wartheg, chwe deg chwech o
ddefaid ac ŵyn, a gwerth £16 o ŷd, swm sy'n cynrychioli sawl
llond cae. Yr oedd y cyfan yn werth £53 3s 4c, heblaw am nifer o
ddyledwyr, ac yn eu plith yr oedd rhyw John ap Hugh, oherwydd:

I deliuered him tenn shillings to buy him a weadinge hate
[= wedding hat] at request of Dauid Llewelyn of Llanbeder
Pont Steaven . . .

---

[6] Diweddarwyd orgraff yr enwau lleoedd.

Yr oedd ewyllys Griffith Prichard yn gymhleth oherwydd ei holl diroedd a'i holl berthnasau, a'i awydd am gael popeth yn gywir. Mae'n amheus a fyddai dyn yn gallu gwneud y fath ewyllys ar ei wely angau, a chadarnheir yr amheuaeth gan y dyn ei hun, oherwydd dywed ar ddechrau'r ddogfen ei fod yn gryf o gorff, pan fyddai mwyafrif cymynwyr yr oes yn oedi nes eu bod ar eu gwely angau. Ond dyn ar ei wely angau oedd Edward Vaughan, offeiriad Llandyfrïog. Yr oedd ei lofnod mor sigledig fel y bu'r swyddogion eglwysig yn holi'r tystion cyn derbyn bod yr ewyllys yn gyfreithlon. Yn anffodus, anodd yw darllen yr ewyllys gyfan, ond ymddengys fod Edward Vaughan yn berchen ar diroedd yn Henllan, gan gynnwys Parcycidne, Penygarreg, Cnwcydinas a Doldywyll. O ran ei stoc, yr oedd yn werth £43 1s 8c, ond credai un o'r tystion a ddisgrifiodd hanes datgan yr ewyllys fod Edward Vaughan yn werth pum cant o bunnoedd!

Mae'n amheus a fedrai neb o offeiriaid sir Aberteifi gystadlu ag un o'i frodyr yn sir Gâr. Yn 1665 bu John Lewis, Llysnewydd, offeiriad Llangeler, farw'n ddyn cyfoethog (a darllengar – yr oedd ganddo werth tair punt o lyfrau). Gadawodd symiau o arian i dlodion Llandysiliogogo, Llangynllo, Llanfairorllwyn a Llangeler. Heblaw am hynny, gadawodd:

> towarde the maintaineing of three poore impotent persons
> such as my heire that shall inhabit in my now dwelling house
> of Llysnewydd and being of the age of seventy four yeares
> and the Churchwardens from tyme to tyme of the parishe of
> Llangeler shall approue of, the summe of six poundes that is
> to say fforty shillings to each of them yearely and every yeare.

Rhannodd John Lewis liaws o ffermydd rhwng ei blant iau, a rhoi ar ysgwyddau'r mab hynaf y cyfrifoldeb o dalu symiau sylweddol iddynt (£420) os oedd am eu meddiannu. Y mae ei restr eiddo'n ddifyr eithriadol; yr oedd ganddo dros gant o wartheg, a gwerth ei

1,918 o ddefaid oedd £239 15s 0c, heb sôn am 481 o ŵyn! Meddai ar naw o lestri arian a dwsin o lwyau arian, heblaw am:

one musquett and sword bandeleere and belt . . .

I beth oedd angen y rheiny ar offeiriad gwledig, tybed? Ond bonheddwr oedd John Lewis, ac y mae'n glir fod ei dad (John Lewis oedd yntau hefyd) wedi prynu llawer o'r tiroedd a etifeddodd Edward.

Nid wyf wedi olrhain pob ewyllys a wnaed gan offeiriaid sir Aberteifi yn ystod y cyfnod hwn, ond tybiaf fod y rhai a ddisgrifiwyd yn eu cynrychioli'n deg. Rhaid disgwyl tan 1662 cyn cael hyd i offeiriad oedd â llyfrau (heb eu henwi) yn ei feddiant, sef David Pryse, offeiriad yn Llanfihangel-y-Creuddyn, a fu farw'r flwyddyn honno. Yn anffodus, ni wnaeth ewyllys, ond rhestrwyd ei eiddo, sef 'his wearing and linen clothes', stôr o wlân ac ŷd, a'i lyfrau, a oedd yn werth £1 6s 4c; cyfanswm y cyfan oedd £12 8s 1c.

Nid David Pryse oedd yr offeiriad cyntaf yng Ngheredigion i fod â llyfrau yn ei gartref; gadawodd David Lloyd, rheithor Cellan, werth tair punt o lyfrau yn 1646 ymhlith eiddo gwerth £31 1s 0c. Cyfyngedig yw'r ewyllysiau fel ffynhonnell wybodaeth, ac ni ellir dibynnu chwaith ar y rhestri eiddo. Nid oes tystiolaeth ynddynt i safon eu bywydau ysbrydol, heblaw yn achos John Hughes, Trefilan, a'i blentyn siawns. Gydag eithriadau prin, nid oes modd gwybod lle cawsant eu haddysg. Ond mae'n amlwg fod nifer sylweddol o'r offeiriaid cefn gwlad hyn yn cyfuno gofal eglwys â chyfrifoldeb fferm, gan gynnwys y cyfoethocaf ohonynt. Efallai y bu'n rhaid i ambell un, megis John Hughes, ddibynnu ar incwm pitw ei swydd, ond yr oedd y mwyafrif yn annibynnol. Yn wir, y mae tystiolaeth trwy'r canrifoedd i ddangos pa mor bwysig oedd yr annibyniaeth a darddai o berchenogaeth tir. Dywedodd y diweddar Barchedig Noel Evans wrthyf am ei fagwraeth yn gynnar yn y ganrif hon; yr oedd ei dad yn ficer plwyf ar gyrion tref Aberteifi, a thir ynghlwm wrth y ficerdy. Oni bai am gynnyrch y tir hwnnw, barnai Mr Evans na fyddai byth wedi cael addysg brifysgol a chlerigol, oherwydd yr oedd y cyflenwad bwyd a darddai o'r tir yn rhyddhau incwm fechan i'w dad fel y gallai roi addysg dda i'r mab. Yn hynny o beth nid oedd bywyd teulu offeiriad yn 1910 yn wahanol iawn i deulu offeiriad yn 1610.

PENNOD 7

HELYNTION Y CARDI TLAWD

A oes tynged waeth na bod yn dlawd? Oes, mae'n siŵr; dioddef
erchyllterau rhyfel, anghyfiawnder ac afiechyd; ond mae'r tlawd yn
fwy tebygol o ddioddef yr erchyllterau hynny. 'Esmwyth gwsg potes
maip', meddai'r hen air; hynny yw, os ydych yn dlawd, rydych yn
gorfod gweithio'n galed yn gorfforol, heb gario cyfrifoldebau
mawr ar eich ysgwyddau. Ond nid dyn tlawd a fathodd y ddihareb
honno; nid dyn oedd wedi dioddef poen yn ei fol o fethu bwyta, nid
dyn oedd wedi gorwedd ar ddi-hun, yn gwrando ar ei blant yn
llefain, heb wybod o ble y deuai'r dorth nesaf. Ond sut y mae dilyn
hanes y tlodion yng Ngheredigion? Yn *Cyfoeth y Cardi* amlinellais
hanes tlodion Llanbedr Pont Steffan o lyfrau festri'r plwyf. Ac mae
modd mynd yn ôl ymhellach na'r ddeunawfed ganrif i wybod am
dlodion oes Elisabeth I a'r Stiwartiaid.

Er nad oedd y tlodion yn talu trethi, er nad oes cofnodion festri
wedi goroesi, ac er nad oedd y tlodion yn berchen tiroedd, maent
wedi gadael eu hôl. Un ffynhonnell yw cofnodion Llys y Sesiwn
Fawr. Maent yn llawn hanesion am drueni pobl, megis merched
dibriod yn lladd eu babanod newydd-anedig er mwyn cuddio'u
gwarth, a dynion di-waith yn cael eu chwipio a'u gyrru'n ôl i'w
plwyfi genedigol. Un enghraifft yw Jane Evan, a lusgwyd o flaen y
fainc yn Aberteifi yn 1661 am ladd ei phlentyn. Digon tlawd, mae'n
siŵr, oedd y rhes o ladron fu o flaen y fainc yn 1619: William ap
Ellis, am ddwyn saith llathen o wlân, Morgan Morgan am ddwyn

swllt o gartref Jenkin Thomas Jenkins a dau swllt o gartref Jenkin Morgan, a Thomas Jones am ddwyn mamog o eiddo Edward Griffith. Os cafwyd hwy yn euog, dibynnai eu bywydau ar eu gallu i ddarllen, oherwydd gallai dyn llythrennog bledio 'lles clerigwr', ac arbed ei fywyd, ond o fethu darllen, gallai ddawnsio wrth raff y crocbren, er y cawsai sawl un bardwn.

Llai dramatig, ond yr un mor bwysig, os nad yn bwysicach, yw cofnodion profawd y tlodion, sef eu hewyllysiau a'u rhestri eiddo; yn bwysicach am eu bod yn cynrychioli trwch y boblogaeth nad oedd yn torri'r gyfraith, ond yn ymdrechu i gadw corff ac enaid ynghyd yn wyneb pob anhawster. Mae'n destun syndod bod rhai o'r tlodion yn gwneud ewyllys. Yr oedd y cyfoethogion yn debycach o wneud ewyllysiau, oherwydd poenent am eu tiroedd a'u heiddo sylweddol. Ond yr oedd rhai pobl ym mhob haen o'r gymdeithas yn poeni; yr oedd yr ychydig oedd ganddynt yn werthfawr yn eu golwg, a'u perthnasau a'u cymdogion yn bwysig iddynt.

Nid oedd pob tlotyn ar waelod y domen gymdeithasol. Chwarddai'r Saeson am ben y nifer sylweddol o Gymry a honnai eu bod yn wŷr bonheddig er nad oedd ganddynt fawr ddim wrth gefn. Ystyrier David Vaughan, Llanilar, er enghraifft. Bu farw'n ddiewyllys yn 1665, ond gwnaethpwyd rhestr o'i eiddo, a disgrifir ef fel bonheddwr. Y mae'r rhestr eiddo'n hir, ond yn peri tristwch. Ymdrechai'r priswyr i ddisgrifio popeth bach a feddai – ei hen fuwch a'r llo, ei hen gaseg, hyd yn oed y rhes o winwns yn ei ardd – ond nid oedd y cyfan yn werth mwy na £6 15s 0c. Y peth mwyaf diddorol yn ei feddiant oedd copi o'r clasur crefyddol *The Practice of Piety*. Hwyrach iddo fyfyrio llawer uwch ei ben.

Yn oedd ambell fonheddwr fel petai ychydig ymhellach oddi wrth y dibyn na David Vaughan. Bu farw Thomas John Lewis o Lanbadarn Fawr yn 1621. Gadawodd ewyllys fanwl, yn rhoi cymynroddion yma a thraw: decpunt i'w fab gordderch, £1 13s 4c i'w nith, a rhoddion eraill o arian a da byw; eto nid oedd ei restr eiddo yn cyrraedd deuddeg punt. Ond yr oedd gan y sgutoriaid ffynhonnell arall; yr oedd Thomas John Lewis yn rhoi benthyciadau arian, ac y mae'n bosibl fod yr arian oedd yn ddyledus iddo yn ddigon i gwrdd â'r anghenion, os gallwyd eu casglu.

Mae'n bosibl esbonio pam fod boneddigion fel y rhain mor dlawd. I'r Cymry, yr oedd bonedd yn llythrennol yn fater o'ch bôn, y cyff y tarddai dyn ohono. Yr oedd disgynyddion y dynion rhydd hynny fu'n perthyn i deuluoedd fu gynt yn berchenogion tiroedd; yr oeddynt yn foneddigion. Hyd yn oed wedi i'r tiroedd ddiflannu, yr oedd dyn a chanddo dras fonheddig yn fonheddwr o hyd. Y mae haneswyr wedi arllwys afonydd o inc i geisio esbonio'r ffordd y codai dynion yn y byd i ennill stadau, cyfoeth a theitlau, ond beth am y rhai a suddodd, rhai fel David Vaughan?

I ddechrau, rhaid diffinio tlodi yn nhermau'r dogfennau profawd hyn. Gadawodd James Stedman, Ystrad-fflur, ddau gan punt o arian parod pan fu farw yn 1649; swm ei gyfoeth oedd £1,026. Yr oedd yn un o'r dynion cyfoethocaf yng Ngheredigion. Yr hyn na wyddom yw swm ei ddyledion. Pan fyddai ysgutoriaid yn gweinyddu ewyllys, byddai'n rhaid cyflwyno cyfrif o'r cyfan a wariwyd ac o'r dyledion a dalwyd. Nid oes yr un o'r dogfennau hyn wedi goroesi yng Ngheredigion yn ystod y 17eg ganrif, ond y mae rhai yng nghasgliad ewyllysiau Brycheiniog yn dangos y gallai dyn a ymddangosai'n gyfoethog fod wedi marw heb fawr ddim yn ei hosan. Serch hynny, rhaid derbyn bod James Stedman yn gyfoethog.

Yr oedd ffermwyr Ceredigion o'r un cyfnod yn gadael llai o lawer. Gadawodd Lewis David ap Lewis o Lanfihangel-y-Creuddyn eiddo gwerth £19 19s 4c pan fu farw yn 1639, ond gan fod ganddo ddau ych, un fuwch, tair anner, pedwar ceffyl, pedwar deg pedair o ddefaid ac ŷd ar ei draed, nid oedd ar ei gythlwng. Bron yn union yr un swm oedd gwerth eiddo Edward ap Ieuan ap Jenkin o Ledrod pan fu farw yn 1643: saith o wartheg, chwe cheffyl a chwe deg wyth o ddefaid. Mae'n bur debyg nid oedd dynion fel y rhain yn berchen ar eu tiroedd eu hunain; yn hytrach, yr oeddynt yn denantiaid bach yn byw ar brydles, neu'n ddynion a oedd wedi morgeisio eu daliadau bach o dir i'w cymdogion mwy llwyddiannus.

Er enghraifft, John Thomas Llewelyn o blwyf Caron, a fu farw yn 1609. Er nad oedd ei eiddo'n werth mwy na £6 18s 4c, yr oedd un o ddynion mawr ei fro, sef John Moel Stedman (tad-cu y James Stedman cyfoethog uchod) yn ymyrryd ym mhethau'r marw. Penodwyd ef yn warcheidwad mab ifanc John Thomas Llewelyn, a hynny oherwydd:

> I geve the Lands wherin I doe dwell to John Stedman Esqr which lands are in mortgage unto him for a Certain summe of moneis I longe sithense have receaved.

Hynny yw, yr oedd John Thomas wedi methu cadw ei ben uwch y dŵr, ac yr oedd wedi morgeisio'i damaid o dir heb obaith ad-dalu byth. Cawsai aros yno am ei oes, ond bellach roedd y mab ar drugaredd y dyn cyfoethog. Felly y tyfai'r cyfoethog ar gefn y tlawd.

Mewn un achos y mae modd dilyn prydles trwy nifer o ewyllysiau. Yr oedd Maurice Phillip, plwyf Gwnnws, yn dlawd iawn pan fu farw yn 1614. Yr unig beth oedd ganddo oedd prydles chwarter o dir Dolyrebolion, gwerth dwy bunt, a gadawodd Maurice hwn i'w ddau fab, Lewis ac Oliver Morris, ond yr oedd arno £4 16s 0c o ddyledion. Ni wn beth oedd tynged Lewis, ond llwyddodd Oliver i gadw meddiant ar ei gyfran o Ddolyrebolion, sef y seithfed rhan, ond heb dalu'r dyledion. Bu Edward Greene o blwyf Gwnnws farw yn 1621, ac yr oedd ar Oliver Morris ddyled o chwe phunt erbyn hynny. Bu farw Oliver ei hun yn 1628; gadawodd brydles Dolyrebolion, gwerth un bunt, i'w fab, ynghyd â gwerth £2 19s 0c. Dyna'n wir beth oedd byw ar ymyl y dibyn.

Sut oedd modd i ddyn gael dau ben llinyn ynghyd? Nid oedd

William Lewis David ap Gitto o Lanbadarn Fawr (1600) yn werth mwy na £6 11s 8c. Yr oedd ganddo ddeg ar hugain o ddefaid, ac yn arwyddocaol, yr oedd ganddo ddwy lathen o frethyn gwyn. Yr ydym yn awr yn agosáu at fyd y dynion gwir dlawd, a oedd yn gorfod troi at fwy nag un ffordd o ennill tamaid. Gallwn ddyfalu mai cynnyrch ei ddefaid ei hun oedd y brethyn gwyn hwnnw, a bod Cathrin, gwraig William, wedi nyddu'r edafedd, a William wedi ei wehyddu'n frethyn. Hynny yw, yr oedd yn ffermwr ac yn wehydd. Dyfalu yw hynny yn achos William Lewis, ond y mae'n amlwg yn achos Francis Patrick o blwyf Aberteifi. Dwy fuwch, ugain dafad, mochyn a gafr oedd holl dda byw Francis, ond yr oedd ganddo hefyd yn ei feddiant frethyn llwyd ac edafedd du.

Prin yw cofnodion profawd crefftwyr. Rhaid bod cryddion yn gyffredin yng nghefn gwlad Ceredigion; a barnu wrth ewyllys John Llewelyn (Llanfihangel-y-Creuddyn, 1665) yr oeddynt yn dlawd. Roedd gwerth ei eiddo i gyd yn llai na phunt, eto fe wnaeth ewyllys, a gadael y cyfan i James Parry, bonheddwr (efallai'n berchen ar Penuwch-fawr i'r gogledd o'r pentref). Nid oedd gan yr hen grydd deulu, ac yr oedd Parry'n berchen ar ei gartref. Er cyn lleied oedd gwerth yr offer crydd, aeth James Parry at yr awdurdodau eglwysig, a chyda dau arall arwyddodd ymrwymiad cyfreithiol i weihyddu'r eiddo'n gyfiawn. Crefftwr arall oedd David Lloyd, Llanbadarn Fawr (1675), a adawodd grwyn defaid, geifr a lloi, a lledr defaid ac ŵyn. Gwerth y cyfan oedd ugain punt, felly yr oedd yn fwy llwyddiannus o lawer na'r crydd.

Roedd yn naturiol i ddynion yr arfordir droi at y môr a physgota, er gwaethaf y peryglon. Bu farw Rees Morris o Aberystwyth yn 1665, a byr iawn yw rhestr ei eiddo: dau geffyl, a chwarter cyfran cwch pysgota. Roedd David Evan, eto o Aberystwyth (1695), ychydig yn fwy llwyddiannus. Gadawodd draean o gwch pysgota a llathenni o rwydau o'i wneuthuriad ei hun, heblaw am fachau, cyrcs, casgenni a halen – ar gyfer halltu'r penwaig fu gynt yn gyffredin yn y bae.

69

Nid yw lleiafrif sylweddol ewyllysiau'r dynion tlawd hyn yn enwi gwraig a phlant, ac nid yw hynny'n syndod gan ei bod yn anodd i bobl wrth waelod y domen briodi. Serch hynny, yr oedd nifer yn briod, a phlant ganddyn nhw; dynion oedd y rhain oedd yn berchen ar ychydig o dda byw neu ryw ddull cyson o ennill eu tamaid, er cyn lleied ydoedd. Ond yr oedd bod yn rhiant yn gyfrifoldeb, yn enwedig bod yn dad i ferched, oherwydd heb waddol, ni allent briodi. Dyn trychinebus o dlawd oedd Rees Griffith, Llangrannog (1605), ac yr oedd ganddo ferch ordderch yn ogystal â mab trwy briodas. Oherwydd ei ofid dros ei ferch, gadawodd iddi ran helaeth o'i dda byw, sef dau ych a buwch. Yr oedd Hugh Griffith ap Lewis o Lansanffraid (1609) yr un mor dlawd, a chanddo fwy o blant, tri ohonynt yn ferched. Gadawodd ddwy ddafad i'r hynaf a mesur o ryg i'r ail. Poenai'n arw am yr olaf, Gwenllïan. Yr oedd honno eisoes yn briod, ac yr oedd ei thad wedi addo gwaddol o £1 13s 4c i'w fab-yng-nghyfraith. Ond nid oedd ganddo gymaint â hynny yn y byd, felly gadawodd fuwch iddi, a gofyn i'r mab-yng-nghyfraith arwyddo nodyn i ddangos ei fod yn derbyn y rhodd yn lle'r arian.

Tad arall a geisiai blesio'i blant oedd Lewis Phillip, Lledrod. Caseg, pedwar mochyn, cwpwrdd a bord oedd y cyfan a feddai pan fu farw yn 1627, ond, yn rhyfedd iawn, yr oedd ar Thomas Pryse, bonheddwr o deulu Gogerddan, £6 13s 4c iddo, ac yr oedd ar eraill ddyledion gwerth dwy bunt iddo. Nid oes modd gwybod sut y llwyddodd dyn mor dlawd i roi benthyciadau o gwbl, ond (fel y gwelsom yn achos buwch Hugh Griffith ap Lewis) yr oedd gwe o ddyledion yn clymu'r gymdeithas ynghyd, ac y mae pennod pymtheg yn manylu ar broblem dyled.

Sut fywyd oedd yn bosibl i'r dynion tlawd hyn? Fe ddylai cenhedlaeth heddiw sy'n gyfarwydd â gweld y tlodi mwyaf erchyll ar set deledu, ddeall pa mor wydn yw'r ddynoliaeth, er bod angen i bobl gysgu mewn bocsys neu mewn pibellau carthffosiaeth, a chrafu briwsion ar domennydd sbwriel. Nid oedd bywyd tlodion Ceredigion cynddrwg â hynny, er bod Caradoc Evans wedi ceisio'i bortreadu felly; hynny yw, os dibynnwn ar y manylion sych ac anghyflawn sydd yn ein ffynonellau. Yr oedd y dodrefn yn brin eithriadol. Roedd yn rhaid i'r tlotaf ddibynnu ar dân mawn a mân goediach i gynnau tân dan un crochan, a bwyta oddi ar lestr pren. Roedd yn rhaid yfed o ffynnon neu nant a chysgu ar wellt.

Y mae cartrefi'r bobl hyn wedi hen ddiflannu, ond tai tyweirch oedd ganddynt, heb na simdde na ffenestr. Nid oedd cartref Thomas ap Ieuan Llewelyn David ap Howell yn Nhregaron (1630) yn fawr gwell na hynny, mae'n rhaid. Nid oedd Thomas, er gwaethaf yr arwyddion o dras fonheddig a welir yn ei enw, yn berchen ar ddim ond cwpwrdd syml, gwely pren, a bwthyn gwerth punt. Nid oedd gan y creadur berthynas yn y byd, ond yr oedd gan bobl eraill ddiddordeb yn y lle, a gadawodd ei gartref:

> toe Rees William . . . the upper end of a house together with half a garden . . . being in the towne of Tregarron; with the other part of the house from the doore downewards to John Johnes the younger, sonne to John Jones of Llwyngary gent, together with halfe the garden.

Rhaid cael ewyllys er mwyn rhannu'r eiddo'n gyfreithlon, ac er nad oedd yn werth mwy na phunt, yr oedd gan fab y bonheddwr John Jones ddiddordeb ynddo. Mynn rhai gwleidyddion heddiw y byddai'r tlawd yn byw ar gefn y cyfoethog, ond awgryma'r cofnodion hanes mai arall oedd y sefyllfa.

Mae'n eironig mai'r Eglwys oedd yn gyfrifol am y gyfundrefn profi ewyllysiau hyd 1858; yr oedd honno wedi mynnu rhoi bys yn y pwdin er yr Oesoedd Canol, a hynny yn wreiddiol oherwydd bod disgwyl i ddyn adael traean i'w wraig, traean i'w blant a thraean at elusen – sef at yr Eglwys, ac at gynnal y tlodion. Ond wedi'r Diwygiad Protestannaidd yr oedd llai a llai o roi at achosion da;

71

byddai mwyafrif ffermwyr Ceredigion yn gadael grot yn unig at gynnal eglwys gadeiriol Tyddewi. Aeth y tlodion bron yn angof, ond pan fu farw Jenkin Morris, Llanfihangel-y-Creuddyn, yn 1680, gadawodd £1 5s 0c i dlodion ei blwyf, a'r un swm i dlodion Llanilar. Ond dyn brwdfrydig iawn oedd Jenkin Morris, yn gadael cymynroddion yma a thraw, a chan nad oedd ei eiddo'n werth mwy na £7 10s 0c, go brin y gwelsai'r tlodion geiniog. Daeth Sais o'r enw Richard Newell i rentu plas Glanleri, Llanfihangel Genau'r-glyn, a phan fu farw yn 1643, gadawodd ddwybunt i dlodion y plwyf, a dwybunt arall i dlodion ei hen gartref yn Wiltshire, ond gan ei fod yn werth £263, go brin y gwelai ei etifeddion golli pedair punt. Ychydig iawn o gymynwyr Ceredigion a adawodd arian i'r tlodion; teimlent, yn ddiau, eu bod wedi cyfrannu at dreth y tlodion yn ystod eu hoes, ac nad oedd angen talu ddwywaith.

Yr oedd un garfan o bobl Ceredigion oedd yn dlotach o dipyn na'r tlodion a ddisgrifwyd eisoes, sef y menywod, a pha syndod? Pan briodai merch, ildiai ei holl eiddo i'w phriod yn ystod ei oes ef, ac nid oedd yn berchen ar ddim. Ni allai gwraig briod wneud ewyllys (gan nad oedd ganddi ddim i'w roi), ond mewn amgylch-iadau eithriadol nas gwelais yng Ngheredigion. Gallai merch ddibriod wneud ewyllys, ond yr oedd merched dibriod yn dlawd am nad oedd y gwaddolau y byddai eu tadau'n paratoi ar gyfer eu priodasau yn eiddo iddynt hwy, ond i'w tadau, ac wedyn i'w partneriaid, ac yr oedd gweddw'n dlotach na'i gŵr oherwydd, fel y gwelsom eisoes, disgwylid i ddyn adael traean o'i eiddo i'w wraig. Yr oedd y traean a âi gynt i'r Eglwys a'r tlodion bellach yn mynd i'r plant gyda'r traean a gaent eisoes.

Er gwaethaf eu tlodi, yr oedd gweddwon Ceredigion yn awyddus i wneud ewyllysiau. Yr oedd Gwenllïan Morris, Cilrhedyn (1614) yn ffodus, oherwydd yr oedd ei thad wedi gadael darn o dir iddi, sef Tir Llangynin. Mae'n debyg nad oedd yn dir helaeth iawn, oherwydd tri deg dwy o ddefaid a phump o wartheg oedd ganddi, ond yr oedd yn fwy ffodus na llawer, er nad oedd ei heiddo i gyd yn werth mwy na £7 6s 8c. Gweddw dlawd arall oedd yn berchen ar dir oedd Sybil Price, Llangwyryfon (1636). Nid oedd ei nwyddau'n werth mwy na £4 7s 4c, ac mae hynny'n syndod, oherwydd yr oedd y Prysiaid yn berchen ar stad y Rhandir. Er gwaethaf prinder ei heiddo, yr oedd ganddi fferm ar gyfer un o'i meibion, a phrydles melin ddŵr ar gyfer mab arall.

Yr oedd Cathrin ferch Evan o Langeitho (1600) yn dlawd; gadawodd nwyddau gwerth £3 5s 8c, ond y mae'n bur debyg ei bod wedi ymdopi â'i gweddwdod, gan ei bod yn berchen ar saith buwch, un afr a thair o wyddau, a rhannodd y stoc ymhlith ei hwyrion. Byddai saith o wartheg wedi rhoi digon o laeth iddi fedru ennill tamaid ar gyfer ei hanghenion. Yr oedd Lleucu Thomas o Langoedmor (1601) yn dlotach o lawer ; nid enwyd yr un creadur byw yn ei rhestr eiddo. Ond mae honno'n anghyflawn, oherwydd gadawodd un fuwch i un o'i pherthnasau, ac y mae'r rhestr yn enwi pys, barlys a gwenith (ei hunig nwyddau) gwerth £1 13s 4c. Rhaid bod digon o dir wrth y cwt lle trigai i dyfu'r ychydig a'i cadwai'n fyw. Ond roedd ar rywun ddyled o £6 13s 4c iddi ac mae'n anodd deall o ble y cafodd y fath swm i'w roi ar fenthyg.

Byddai menywod tlawd, yr un fath â dynion tlawd, yn troi i lawer cyfeiriad i geisio cael tamaid i'w fwyta. Yr oedd Elliw ferch Rees o Langoedmor (1609) yn dlawd, ond nid oedd heb adnoddau. Yn ei rhestr eiddo enwir dau ddarn o gig mochyn, pedwar mesur a hanner o geirch a barlys, a chafn pobi. Dichon ei bod yn pobi ar gyfer y rhai na fedrai bobi drostynt eu hunain. Yn y rhestr hefyd y mae nithlen, sef darn o ddefnydd i weithredu fel ffan neu wyntyll i nithio ŷd; gall ei bod yn gweithio ar ffermydd o dro i dro am geiniog neu ddwy y dydd. Rhaid ei bod yn gynnil gan fod ganddi ddeunaw swllt mewn arian gleision pan fu farw, llawer mwy o arian parod nag oedd gan sawl ffermwr cyfoethocach na hi.

Yr oedd menywod yn brysur yn y fasnach wlân, yn nyddu ac

73

yn gweu, ond y mae mwy o dystiolaeth o hynny yn ewyllysiau menywod tlawd yn sir Benfro nag yng Ngheredigion. Hyd yn hyn, yr unig restr eiddo leol sy'n debyg o fod yn eiddo gwehyddes (neu siopwraig ar raddau llai) yw rhestr Agnes ferch Jenkin, Cydblwyf ger Ceinewydd. Gadawodd ddarnau o frethyn bedair llathen o hyd i ddau o'i hwyrion. Ceir cyfeiriadau at fenywod Ceredigion yn trafod brethyn yng nghofnodion Llys y Sesiwn Fawr, oherwydd yr oedd lladron (dynion a merched) yn dwyn brethyn oddi arnynt. Drwy'r un ffynhonnell gwyddom fod merched yn cadw tai cwrw, ond nid oes tystiolaeth i hynny ymhlith y dogfennau profawd. Dengys cofnodion y llys fod rhai merched yn buteiniaid, ond go brin y byddai modd casglu hynny oddi wrth unrhyw ewyllys.

Ceir darlun hynod o amgylchiadau gweddw eithaf tlawd yn nogfennau profawd Joan William o Landdewibrefi, a fu farw yn 1648, er ei bod yn well ei byd na llawer. Yn ei hewyllys gadawodd dŷ ym mhentref Llanddewi i'w mab, George Owen, ac yn ei rhestr eiddo, gwerth £5 2s 6c, yr oedd un ceffyl bach, dau gwt bychan, deuddeg hen glwyd, un og, pump o wyddau, un ddysgl biwter, dau fachyn, dwy hen badell, un mochyn, un das ŷd, pedwar llwyth car o wair ac un hen fwyall.

Y mae'r tlodion gyda ni bob amser, meddai Iesu, ac o'r cofnodion profawd gallwn dybio eu bod yn byw'n fain iawn, yn gorfod poeni bob amser am y pryd bwyd nesaf, er y byddai modd dianc i'r dafarn neu'r ffair yn achlysurol, mae'n siŵr. Y mae haneswyr wedi trafferthu mwy ynghylch hanes y cyfoethogion, llunwyr cwrs y byd mawr, nag am y tlodion. Mae'n haws olrhain hanes y dyn sy'n codi i gyfoeth ac amlygrwydd na hanes y sawl sy'n araf suddo i waelod y domen. Roedd yn anodd i'r tlawd ddianc o fagl tlodi, ond mae'r ewyllysiau'n dangos nad oedd eu bywyd yn y wlad yn gwbl amhosibl, a bod llawer yn troi at amryw o gyfeiriadau i gadw i fynd.

PENNOD 8

PUTEINDY ABERTEIFI A HELYNTION ERAILL

Pan fu farw William Vince, Aberteifi, yn 1618, gadawodd y bywyd hwn 'mewn gobaith da o atgyfodiad llawen gyda'r holl ffyddloniaid trwy haeddiannau a gallu ein Harglwydd Iesu Grist'. Hynny yw, dyna eiriau ei ewyllys, er nad William Vince oedd yn gyfrifol am y geiriau hynny, ond yr offeiriad, Evan Griffith, a oedd yn ymyl ei wely. Rhannodd Vince ei eiddo rhwng ei wraig, Marged, a'i ddau fab, Edward Vince a William ap William. Mae'n ddiddorol nodi bod cyfenwau'r ddau fachgen yn wahanol, a gellid tybio fod William yn blentyn siawns, ac Edward yn fab priodas. Ond yn 1618 yr oedd cyfenwau Cymry'n dal yn ansefydlog, a byddai'r ddwy ffurf yn dderbyniol. Dyma'r esboniad mwyaf tebygol. Dengys fod un o'r brodyr, sef William, yn fwy traddodiadol Gymreig, tra bod Edward yn defnyddio'r dull Seisnig. Rhywbeth hollol wahanol sy'n rhyfedd ym mhapurau profawd William Vince, a hynny yw manylder y rhestr o'i eiddo.

Y mae'n rhestr ddiddorol, ond nid oherwydd swm y cyfoeth, oherwydd dim ond £2 18s 6c oedd gwerth y cyfan, sef mân ddodrefn y tŷ; nid oedd ganddo ddim eiddo arall yn y byd. Gan amlaf byddai rhestr eiddo'n crynhoi'r holl ddodrefn cartref dan un pennawd, 'household stuffe', a dyna i gyd, ond rhestrwyd pob dim o eiddo William Vince. Ymhlith ei fân bethau yr oedd:

six pewter platters, a copper cupp, two little broken pewter platters and pewter saltseller, two teales of barly mault, a brueing vate, an ould barrell, a perk measure . . .

Dyna ddigon i brofi ei fod yn cadw tafarn, ac yn macsu cwrw. Gan amlaf, llestri pren fyddai gan ddyn mor dlawd, ond ni wnâi'r rheiny'r tro mewn tŷ tafarn; rhaid oedd wrth lestri piwter. Mae'n wir bod llawer o bobl yn macsu cwrw gartref; wedi'r cyfan, yr oedd pawb nad oedd yn eithriadol dlawd yn yfed cwrw'n gyson, ac mae'n bur debyg ei fod yn iachach na dŵr ffynhonnau'r dref, gan y gallai ffynnon fod yn ymyl pydew carthion cymdogion. Byddai cwrw hefyd yn dod ag ychydig o flas i daflodau pobl a oedd, gan amlaf, yn bwyta'n ddigon main ac undonog. Ond yn achos William Vince, yr oedd ganddo fesur ar gyfer y gwaith, a mesurau sylweddol iawn o frag.

Bu farw yn 1618, fel y nodwyd uchod, ac erbyn 1627 yr oedd ei fab, Edward, mewn picil. Yr oedd ei weithgareddau wedi dod i sylw'r ustusiaid heddwch a'i gwysiodd i ymddangos o flaen Llys y Sesiwn Fawr yn Aberteifi, ac nid bragu cwrw oedd ei broblem:

we present Edward William alias vince for keepinge a bawdie house [= puteindy][1]

Mae'n anodd dychmygu puteindy yn nhref Aberteifi heddiw. Nid puteindy yn null rhai Las Vegas fyddai'r lle, wrth gwrs; rhaid bod y dafarn wedi mynd yn fan cyfarfod i buteiniaid a'u cwsmeriaid. Ond yr oedd y cyhuddiad yn un eithaf difrifol. Hawdd dychmygu bod llawer tafarn gynt yn agored i'r un ensyniad; honnai Dafydd ap Gwilym yn ei draethodl 'Trafferth mewn tafarn' iddo ddefnyddio'r fath le i wneud oed gyda merch nas gwelsai erioed o'r blaen. Gwaetha'r modd, ni wyddom beth fu'r gosb yn achos Edward Vince; y mae'n bur debyg y byddai'n rhaid iddo dalu dirwy drom, ac efallai y dioddefai'r chwip hefyd.

[1] LlGC WALES 4/884/4/6.

Yn ôl y gyfraith, os oedd dyn neu ddynes am gadw tafarn a gwerthu cwrw, yr oedd yn rhaid wrth drwydded gan yr ustusiaid heddwch, ond y mae'n amlwg nad oedd pawb yn ymdrafferthu i gadw ar ochr iawn y gyfraith honno. Bob hyn a hyn byddai cwnstabliaid y plwyf yn dwyn pobl o flaen y llys ar gyhuddiad o werthu cwrw heb drwydded. Dyna a wnaeth swyddogion Llanfihangel Genau'r-glyn yn 1627, sef llusgo nifer o ddynion i'r llys yn Aberteifi.[2] Ystyriai'r awdurdodau fod cwsmeriaid y tafarndai hefyd yn broblem. Y mae cofnodion y llys ar gyfer 1627 yn eithriadol o lawn. Dyna'r adeg y gwysiwyd Morgan John, Llangoedmor, am iddo fod yn feddwyn rhonc. Anogai'r ynadon y cwnstabliaid i erlid meddwon yn frwd; gellid dirwyo dynion a dreuliai fwy nag awr yn yfed mewn tŷ cwrw, a byddai traean o'r ddirwy yn help i gynnal y tlodion.[3]

Nid meddwdod oedd unig bechod Morgan John. Meddai'r un rheithgor wrth Lys y Sesiwn Fawr:

We present the said Morgan for dystyrbinge the minister at the time of devine servicce on sonday being the 9th of september 1627.

Yr oedd tarfu ar heddwch y Sul yn drosedd eithaf difrifol. Yn 1627 cyhuddwyd George Lewis, Ferwig:

for bringinge two Carrlods[4] of sheepe into the market place to sell on sonday at the time of evensonge service beinge the xxiijth of september 1627.

Trosedd debyg oedd tarfu ar yr heddwch pan gynhelid Llys y Sesiwn Fawr. Nid oedd tras fonheddig yn cadw dyn rhag y cyhuddiad arbennig hwn. Yn 1568 llusgwyd pum dyn o flaen y llys

---

[2] WALES 4/884/4/5.
[3] WALES 4/884/4/6.
[4] Rhaid bod George Lewis yn cludo'i ddefaid ar geir llusg, sy'n ymddangos yn ffordd ryfedd iawn o'u symud.

am eu bod wedi chwarae tennis ym mynwent eglwys Aberteifi yn ystod prynhawn 28 Gorffennaf:

to the disturbance of the Justice and Audience at the assises houlden for the said county at that tyme.

Ymhlith y pump yr oedd Harry Philip o Aberystwyth, William Lewis, Llansanffraid, ac Evan David Philip, y tri yn hawlio eu bod yn foneddigion, a James John o Lanbadarn, gwas Mr Davies, Yswain.[5]

Yr un pryd ag y llusgwyd Morgan John o flaen ei well am feddwdod yn 1627, gwysiwyd Edward Price a Mary Lloyd, heb enwi eu cartref, am fyw mewn godineb. Llysoedd yr Eglwys, nid Llys y Sesiwn Fawr, oedd i gadw trefn ar foesoldeb rhywiol ac erlid troseddwyr. Nid oes unrhyw gofnodion llys Eglwysig ar gyfer Ceredigion wedi goroesi o'r cyfnod hwn, ac yn ystod yr ail ganrif ar bymtheg yr oedd y llysoedd hyn wedi colli llawer o'u dylanwad. Serch hynny yr oedd teimladau cymdeithasol cryf o blaid cydym-ffurfiaeth foesol. Mae'n eithaf sicr na fyddai mwyafrif y troseddwyr godinebus yn ymddangos o flaen unrhyw lys, ond yn cael eu herlid gan eu cymdogion nes symud i ffwrdd neu gydymffurfio â safonau moesol y cyfnod.

Yn 1627 yr oedd pysgod amheus o lawer math i'w dal. Meddai'r rheithgor eto:

we present Thomas James of Cardigan for keepinge a boulinge alie [= bowling alley]

Mae'n amlwg mai cymeriad garw oedd Thomas James, oherwydd fe'i cyhuddwyd hefyd 'for beatinge and throwing downe the Connstable'. Wrth weld y teitl cwnstabl, ni ddylem ddychmygu dyn mewn lifrai a helmed. Dynion lleol a etholid gan y plwyf oedd y cwnstabliaid cyffredin, yn erbyn eu hewyllys gellid tybio, yn

---

[5] WALES 4/883/8/44.

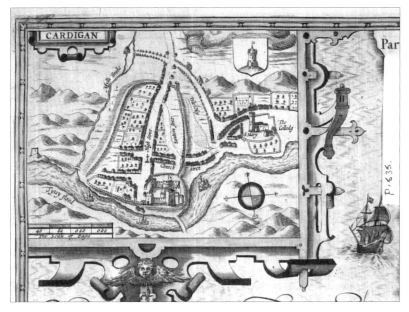

Map John Speed o dref Aberteifi, 1610.

Llun: Llyfrgell Genedlaethol Cymru.

gweithredu dan bwysau'r awdurdodau, a hynny heb dâl. Mae'n amlwg fod y cwnstabl wedi digio Thomas James wrth iddo geisio cyflawni ei swydd, ond beth oedd o'i le ar fowlio? Onid dyna'r gêm yr oedd Francis Drake yn ei chwarae pan welwyd Armada Sbaen yn bygwth rhyddid yr ynys hon? Nid y gêm oedd dan gabl, mae'n siŵr, ond y posibilrwydd y byddai cymeriadau annymunol yn crynhoi yn y fath le; megis yn achos Edward Vince, mae'n bur debyg mai tafarn ydoedd. Yr oedd cymdeithas yn mynnu rheolaeth lem ar ei haelodau, nid yn unig mewn materion rhywiol megis godineb, ond ymhob agwedd ar fywyd cyhoeddus a phreifat.

Ychydig flynyddoedd cyn yr achosion uchod, yr oedd rhyw glerc yn y llys yn Aberteifi wedi nodi'r holl achosion lle y gallai rhan o'r ddirwy a dalai'r troseddwyr fynd at gynnal y tlodion.[6] Yn eu plith

[6] WALES 4/884/4/17.

79

yr oedd y sawl nad âi'n gyson i eglwys y plwyf, unrhyw un a glywyd yn rhegi, unrhyw un fu'n yfed cwrw mewn tafarn yn ei dref ei hun am fwy nag awr, ac unrhyw dafarnwr oedd yn codi gormod o dâl am ei gwrw – ceiniog y chwart oedd y pris i fod. Yr oedd y gyfraith yn ceisio cadw golwg ar yr awdurdodau; cosbid unrhyw warden eglwys neu gwnstabl nad oedd yn cadw trefn yn y tafarndai. Yr oedd camweinyddu Deddf y Tlodion yn drosedd hefyd; yr oedd unrhyw swyddog a esgeulusai ei gyfrifoldeb trwy adael llonydd i dlodion nad oedd yn perthyn i'r plwyf, neu a oedd yn troi tlodion y plwyf allan heb achos, yn agored i'w gosbi.

Yr oedd teimladau cryf yn erbyn y tlodion hynny a oedd yn abl o gorff ond yn anfodlon gweithio. Yr oedd pob un o'r fath i gael ei chwipio a'i yrru'n ôl i'w blwyf genedigol. Gwysiwyd nifer o ddynion o'r fath o flaen y llys yn Aberteifi yn 1627:[7]

> We present Thomas Morgan Goch of Llanarth to be an idle dissolute person [and] wandring Labourer . . . not labouringe accordinge to the statue

> We present Griffith ap Evan of Caron, for liuinge in no Lawfull Calling, or Course of life, but wandring upp, and downe, with a taber [= drwm] and pipe, roguinge and bragginge . . .

Un achos a gythruddodd yr awdurdodau oedd dyn nad oedd yn gweithio ond a oedd yn defnyddio swydd fechan leol i boeni pobl eraill:

> We present Thomas griffith late of Penbrin, for liuinge in no Lawfull Callinge, or Course of life, but beinge a Common deputy baylife, under the baylifs of the hundred of Tredroyr, and under Collour of that office, summoninge poor men to appear at Assises and sessions, and shirefs Courts, to the great grievance of the inhabitants.

7 WALES 4/884/4/8.

Troseddwyr eraill a enwir yn nogfen y tlodion yw pysgotwyr môr a ddaliai bysgod rhy fach, a phob math o botsiar. Yr oedd y gyfraith yn fanwl iawn wrth drafod potsio; ni châi dyn ddal petrisen, ffesant, sguthan, crëyr glas na hwyaden, na chymryd eu hwyau chwaith, ac yr oedd cadw milgi hefyd yn drosedd. Yr unig rai a gâi wneud y campau hyn yn gyfreithlon oedd dynion a chanddynt dir gwerth decpunt y flwyddyn, neu etifedd dyn a hawliai'r teitl 'yswain', sef y rheng uwch na bonheddwr. Dyma'r dystiolaeth hynaf a welais hyd yn hyn ynglŷn â photsio yng Ngheredigion, ac y mae'n fanwl iawn. Y gosb am ddwyn ysgyfarnog, aderyn neu wy oedd ugain punt, a hynny am bob creadur, aderyn neu wy. Mae'n anodd credu y gallai potsieriaid Ceredigion dalu'r ugeinfed ran o'r fath swm, ond gan na welais unrhyw gyfeiriad at y drosedd yn y cofnodion cynnar, ni ellir ond dyfalu beth fyddai'n digwydd.

Fel y gellid disgwyl mewn cymdeithas amaethyddol, yr oedd dwyn anifeiliaid yn drosedd gyffredin yn ystod yr unfed a'r ail ganrif ar bymtheg. Ym mis Mai 1581 bu Rees David Jenkin o Aberpyllu, yswain, ustus heddwch, yn gwrando ar dystiolaeth mewn dau achos o'r fath. Y cyntaf oedd y cyhuddiad yn erbyn rhyw Morris ap Griffith ei fod wedi dwyn buwch; ond honnai Morris iddo brynu'r fuwch gan ryw Morris Gwyn ddwy flynedd ynghynt am 19s 4c. Gofynnodd yr ustus pam yr oedd wedi prynu buwch gan ddyn ac iddo enw drwg, ond honnodd Morris ap Griffith fod y gwerthwr yr adeg honno yn berchen ei eiddo ei hun.[8]

Yr ail ddyn i sefyll o flaen Rees David Jenkin oedd Thomas ap Griffith.[9] Yr oedd Thomas dan amheuaeth o ddwyn dwy ddafad o eiddo Rees ab Evan Thomas. Wedi i Rees ab Evan gwyno ynghylch ei golled, aeth y cwnstabl lleol, Rhydderch David ab Evan ap Rees, i gartref Thomas. Mewn tŷ gwag drws nesaf gwelodd y cwnstabl

[8] WALES 4/883/8/45.
[9] WALES 4/883/8/41.

ddau ddarn o gig. Gwadodd Thomas unrhyw wybodaeth amdanynt, a chynigiodd hen esgus cyfarwydd:

that the same was put or set there by evill will or mallice . . .

Byddai'n anodd iddo gynnig esgus arall, gan y bu'n rhaid iddo gyfaddef nad oedd ganddo unrhyw ddefaid ei hun.

Heblaw am y darnau cig, yr oedd y cwnstabl wedi dod o hyd i gadair yng nghartref Thomas ap Griffith, ac yr oedd yn amau fod honno hefyd wedi ei dwyn, ond roedd gan Thomas ap Griffith esboniad manwl a difyr i esbonio presenoldeb y gadair honno:

[he] sayeth that one Mary vch Dauid upon Thursdaye last . . . came to this examinants howse wyth the same chear in hir hand desiringe him to come wythe hir to a Revir syde where she was goinge to washe certaine shipe of hir to drese a shipe [sheep] of hir father and for that intent she dyd Lafft the same chear in this examinats howse wishinge him to come after hir to the Revir afor mencioned and then this examinat went other wysse upon his necessary bussines and went not to the place wherin the sayed Mary did wishe him to come.

Dyna dystiolaeth i gyfraniad merched i waith amaethyddol y fro.

Bu cythrwfl yng nghymuned Cynnull Mawr, Llanfihangel Genau'r-glyn yn 1665.[10] Yr oedd dau hwsmon, Philip Rheinallt ac Edward William, wedi colli dwy ddafad yr un. Aethant i weld Richard Pryse, Glan-frêd, cefnder i deulu Gogerddan, i ofyn am help. Gyrrodd Pryse am Evan John, cwnstabl Cynnull Mawr, i fynd gydag ef a'r ddau ffermwr i gartref Evan Richard, ffermwr arall yng Nghynnull Mawr. Daeth John Hugh a William Morgan, dau arall o ffermwyr y fro, i gynorthwyo.

Rhoes y dynion hyn ddisgrifiad o'u hymweliad â chartref Evan

---

[10] WALES 4/885/5a/1. Y mae WALES 4/885/5a/38 yn cynnwys ymrwymiadau'r tystion i ymddangos yn Llys y Sesiwn Fawr.

Richard o flaen Syr Richard Pryse yn ei gartref yng Ngogerddan. Yn ôl y tystion, ni ddangosodd Evan Richard unrhyw wrthwynebiad pan fynnodd y cwnstabl chwilio'i gartref. Gwelwyd un o'r teulu'n taflu llond padell o waed allan trwy ddrws y cefn; yr oedd corff dafad dan wely Evan Richard, a chorff dafad arall wedi ei gladdu yn y domen dail ger y ffermdy. Y cyfan a ddywedodd Evan Richard wrth yr ynadon oedd:

that he had Done and comitted the sayd severall fellonyes as he was Therwith Charged.

O 1741 ymlaen gellid crogi lleidr defaid, ond rhaid mai cosb lai eithafol fu tynged Evan Richard. Pwrpas cuddio'r ddafad dan y domen, gyda llaw, oedd rhwystro cŵn rhag arogli'r corff.

Ychydig fisoedd wedi i Evan Richard ei gondemnio'i hun, bu'n rhaid i Syr Richard Pryse wrando ar dystion mewn achos arall.[11] Cyhuddai Rees David, ffermwr o ardal Llanbadarn-y-Creuddyn,[12] David Richard, Cwmrheidol, o ddwyn oen a mollt o'i eiddo, a oedd ar y pryd yng ngofal Griffith John Humphrey. Aeth Rees David gyda Griffith John a'i ferch i gartref David Richard:

he the sayd David Richard being a man of evill name fame and conversation . . .

Yno, meddai Griffith John, cawsant hyd i groen dafad a'r pen wedi ei dorri i ffwrdd, a chafodd ei ferch hyd i goesau oen gerllaw'r tŷ:

and he verily believeth that the Legges soe shewed him were the legges of the Lambe of the sayd Rees David.

Gwadodd David Richard y cyfan. Yr oedd y croen dafad dan sylw yn eiddo iddo ef, meddai, ac roedd yn ei ddefnyddio i wneud *pad* ar gyfer cyfrwy.

---

[11] WALES 4/885/5a/2.

[12] Plwyf sifil neu weinyddol, heb eglwys, oedd Llanbadarn-y-Creuddyn; ymestynnai'n fras rhwng Rhydyfelin a'r Gors (New Cross), a Nanteos yn ei ganol.

Gwaetha'r modd, nid yw'n hawdd darganfod tynged pob un o'r troseddwyr hyn. Nid oedd y syniad o garcharu troseddwyr am gyfnodau penodol wedi datblygu; defnyddid carcharau'n bennaf i gadw dyledwyr a phobl nad oedd modd iddynt godi mechnïaeth oedd yn aros am eu prawf. Yr oedd tri math o gosb. Y cyntaf oedd cosb gorfforol, sef crogi, trochi, rhoi yn y rhigod neu'r stociau, chwipio, llosgi neu dorri darnau o'r corff, megis y clustiau, i ffwrdd. Gwyddom fod y cosbau hyn yn digwydd yng Ngheredigion, ond rhaid nad oeddynt yn digwydd yn rhy aml, oherwydd cwyna'r awdurdodau fwy nag unwaith nad oedd y rhigod na'r stôl drochi yn barod i'w defnyddio.

Yr ail fath o gosb oedd dirwyo; problem dirwyo yn y cyfnod dan sylw oedd bod cymaint o bobl yn byw heb fawr ddim arian parod wrth eu henwau, ac felly'n methu talu. Y trydydd math oedd ymrwymo i gadw'r heddwch. Nid oedd swyddogion prawf yn bod, ond byddai'n rhaid i rai troseddwyr ddod o flaen Llys y Sesiwn Fawr bob chwe mis, a thalu'r swyddogion am gofnodi eu presenoldeb yno.

Yr oedd llythyren y gyfraith yn eithaf llym, ond gallai rheithgorau a barnwyr drugarhau. Heblaw am y dogfennau sy'n gosod allan dystiolaeth, y dogfennau mwyaf dadlennol yn archifau Llysoedd Sesiwn Fawr yw'r rhestri carcharorion. Nid ydynt ar gael ar gyfer pob blwyddyn, a phur anaml y ceir ynddynt enwau'r sawl a gyhuddwyd yn y dogfennau tystiolaeth. Yn 1617 yr oedd saith dyn yn y carchar bychan yn Aberteifi, ond yr unig rai y ceir disgrifiad o'u troseddau yw John ab Evan o Landdewibrefi (lladrata dau faedd a phedwar mochyn) a David Llewelyn ap Rees Thomas o Lanilar. Yr oedd David Llewelyn:[13]

beinge of ill name and fame and vehementlie suspected for the Receavinge of divers purses beinge stolen from severall

[13] WALES 4/884/2/25.

personnes by the delings of one Jenkin Thomas a Notable
Cutpurse Committed by Thomas Prise esquire and bayled by
David lloyd of Abermayd and Thomas Jones Esquires.

Hynny yw, y cyhuddiad oedd bod David Llewelyn yn derbyn
nwyddau oedd wedi eu dwyn. Sgwïer Glan-frêd a chefnder Prysiaid
Gogerddan oedd Thomas Pryse yr erlynydd, ond yr oedd gan David
Llewelyn ffrindiau dylanwadol. Sgwïer Aber-mad oedd David
Lloyd, ac fel Thomas Jones, Llanbadarn Fawr, roedd yn ustus
heddwch.

*

Mae'n bur debyg mai dwnjwn y castell oedd carchar Aberteifi yn
ystod yr unfed a'r ail ganrif ar bymtheg cyn 1650, ac os felly, yr
oedd yn sicr yn llaith, yn ddrewllyd ac yn dywyll.[14] Derbyniai
ceidwad y carchar arian i brynu bwyd i'r carcharorion, a gallwn fod
yn weddol sicr ei fod yn elwa ar hynny, a'r carcharorion yn
dioddef. Yn wir, y mae tystiolaeth yn yr archif i ategu'r cyhuddiad.
Yn 1620 y mae nodyn ymhlith papurau'r llys sy'n dangos fod yr
awdurdodau'n amau onestrwydd ceidwad y carchar.[15]

Diau fod yr amodau diflas yn sbardun i ddynion ddianc o'r
carchar, ac y mae tystiolaeth wedi goroesi sy'n dangos i hynny
ddigwydd o leiaf unwaith. Ym mis Mai 1581 yr oedd William
Powell o Lanafan yn achwyn o flaen Thomas Griffiths, Tregaron,
fod Stephen Bach a Thomas ap Evan Morgan o Olwen ger Llangybi
wedi dwyn pump ar hugain o'i ŵyn.[16] Yr oedd William yn honni
iddo weld Thomas yn sgwrsio â Stephen Bach ychydig cyn y
lladrad, a Stephen yn ddyn ar herw, y tu hwnt i'r gyfraith. Gwadodd

---

[14] W. J. Lewis, 'The Gateway to Wales': a History of Cardigan (Cyngor Sir
Dyfed, 1990), t. 27.
[15] WALES 4/884/3/1.
[16] WALES 4/883/8/47 (Stephen Baghe yw ei enw yn y ddogfen).

Thomas ei fod yn lleidr, a phan ofynnwyd iddo a fu'n siarad â Stephen:

the said night or att any tyme *sythence he brake the Jayole*, saith he did not.

Hynny yw, yr oedd Stephen yn herwr am ei fod wedi dianc o'r carchar.

Mae pwrpas i atgyfodi'r hen hanesion salw hyn. Y mae problemau cyfraith a threfn yn rhai oesol, ac felly o ddiddordeb ysol i lawer ohonom heddiw, fel yr oeddynt gynt. Y mae'n bwysig i ni gofio nad troseddau newydd yw llofruddiaeth, trais a lladrad. Yr oedd llawer math o gosb yn cael ei defnyddio i geisio dychryn gweddill y gymdeithas, ond nid oedd crogi, llosgi wrth y stanc, torri llaw neu glust, gosod dyn yn y rhigod, neu chwipio yn rhwystro dynion (a merched i raddau llai) rhag troseddu.

Yn wir, gellid beio awdurdodau'r dydd ar ambell achlysur. Y dynged greulonaf a ddioddefodd unrhyw Gardi oedd y gosb erchyll a ddaeth i ran Hugh David, offeiriad Llanarth, yn 1592. Cafodd ei grogi, ei lusgo a'i bedrannu, a hynny yng nghyffiniau tref Aberteifi, a'r cyfan am iddo dderbyn arian am weddïo dros eneidiau'r meirw, dweud bod Harri VII (fu farw yn 1509) yn blentyn siawns, a honni na ddylai menyw (sef Elisabeth I) lywodraethu'r wlad.[17] Gymaint oedd ofn Pabyddiaeth ar y bobl fel yr ymddangosai'n angenrheidiol mynd i eithafion yn erbyn offeiriad plwyf cefn gwlad. Ond yr oedd bai ar yr awdurdodau Pabyddol hefyd, gan iddynt ryddhau Catholigion oddi wrth eu dyletswydd o fod yn deyrngar i'r Goron. Dyna oedd achos cynddaredd llywodraeth Elisabeth I, a'r prif reswm am ddioddefaint erchyll Hugh David.

---

[17] James Cunnane, 'Ceredigion and the Old Faith', *Ceredigion*, XII, 2 (1994), tt. 9-12.

PENNOD 9

HELYNTION GWAED: TAIR LLOFRUDDIAETH

I. Llofruddiaeth John Jenkin John

Rhaid bod fferm Cogoyan, Llanddewibrefi, yn destun siarad trwy
ddyffryn Teifi yn ystod haf 1616. Ar ddydd Sul, 1 Gorffennaf, yr
oedd pobl y cylch wedi tyrru i yfed 'cwrw priodas'; hynny yw, yr
oedd pâr ifanc yn casglu arian i gychwyn eu byd trwy facsu cwrw
a'i werthu i gymdogion a chyfeillion. Ond trodd y chwarae'n chwerw.
Bu ymladd ffyrnig, ac nid â dyrnau'n unig. Rhaid bod perthi
newydd wedi eu gosod o gwmpas y fferm, a physt cryf i'w cynnal.
Yr oedd y rhain yn arfau hylaw ac aeth rhai o'r dynion cwerylgar
ati i dynnu rhai ohonyn nhw o'r perthi a dechrau lambastio'i
gilydd. Cyn hir yr oedd mwy nag un dyn ar lawr yn gwaedu'n dost,
ac mor wael oedd cyflwr John Jenkin John fel y bu'n rhaid ei gario
i'r tŷ a'i roi yn y gwely. Yno y bu'n nychu am ychydig ddyddiau,
ond nid oedd gwella i fod. Petai'r claf wedi gwella, mae'n debyg
na fyddai rhagor o sôn wedi bod am y digwyddiad, ond bu farw, a
bu'n rhaid holi'r tystion.[1]

Ni frysiodd yr awdurdodau; 19 Gorffennaf oedd diwrnod yr
holi cyfreithiol cyntaf. Daeth y crwner, Rhys Griffith Lloyd, yng
nghwmni'r ustus heddwch Thomas Lloyd, Yswain, i Felindre,
Llandysul, lle'r oedd y cwnstabliaid lleol wedi gwysio nifer o dystion

[1] Prif ffynhonnell yr ysgrif hon yw cyfres o ddogfennau cofnodion Llys y
Sesiwn Fawr, sir Aberteifi, yn y Llyfrgell Genedlaethol, sef WALES 4/884/1/2,
10, 24-5. Diolch i Mr Glyn Parry o'r Llyfrgell Genedlaethol am ei gymorth.

o ardal Llanddewibrefi. Cofnodwyd eu tystiolaeth yn fanwl, ac y mae'r papurau'n enghraifft ragorol o'r math o benbleth sy'n wynebu'r sawl sy'n ceisio darganfod y gwirionedd mewn achos cyfreithiol, lle mae pob tyst yn adrodd stori sy rywfaint yn wahanol i stori'r tystion eraill. Mae iaith ffurfiol y cofnodion hefyd yn broblem i hanesydd sy'n ceisio ail-greu'r hyn a ddigwyddodd. Y mae'r cofnodion Saesneg wedi eu hysgrifennu yn y trydydd person yn iaith y gyfraith, ond yr wyf wedi ceisio ail-greu'r dystiolaeth yn y person cyntaf.

Y tyst cyntaf oedd John ap Rees ap John, ffermwr o Landdewi-brefi. Dyma a ddywedodd:

Erbyn yr hwyr yr oedd ymladd a chwympo ma's rhwng Rowland John a Thomas Morgan Goch, a hynny yn y tŷ. Am y tro fe gafwyd cymod, ond aeth y ddau allan, a phan es i allan yn fuan wedyn, dyna lle roedd y ddau yn ymladd eto. Wrth i mi fynd atyn nhw, dyna Thomas Morgan Griffith, Thomas Morgan Goch a dau arall yn ymosod arna'i nes o'wn i'n gwaedu. Daeth John Jenkin John atyn nhw, a dweud: 'Dych chi ddim yn cadw'r heddwch wrth adael i John ap Rees gael ei guro ymhlith cymaint ohonoch chi'. Yr oedd gan rai ohonyn nhw bastynau yn eu dwylo, a thynnodd eraill byst o'r berth, a dyma nhw'n ymosod ar y ddau ohonon ni a'n llorio. Cariwyd fi i ffwrdd, ac ni welais John ap Jenkin am ychydig. Roedd e wedi ei glwyfo'n gas, a gofynnais iddo pwy oedd yn gyfrifol. 'Morgan Goch a'r lleill', meddai. Ddydd Mawrth wedyn es i'w weld e yn ei dŷ, ac fe roddodd e'r bai ar yr holl fintai.

Daeth brawd John ap Rees, sef Evan, ymlaen i roi tystiolaeth debyg i eiddo ei frawd, gyda manylion ychwanegol:

Roedd pen fy mrawd yn waed i gyd, a cheisiais fynd ato, ond roedd y lleill yn fy nal i'n ôl rhag ei arbed. Gwelais Morgan Thomas Morgan yn bwrw John Jenkin â phostyn o'r berth nes ei fod yn rowlio yn y fan, ac erbyn i mi gael mynd yn rhydd, yr oedd yn ymlusgo ar y ddaear.

Daeth tystion eraill ymlaen. Yr oedd un wedi gweld John Jenkin yn taro'n ôl, a mynnai Angharad ferch William nad oedd neb arall ond Morgan Thomas Morgan wedi taro John Jenkin John. Aeth mwy na phythefnos heibio cyn i'r ustusiaid gasglu rhagor o dystiolaeth yn achos llofruddiaeth Cogoyan, a hynny yn nhŷ Hugh Griffith, Ystrad Aeron. Ar 8 Awst rhoddodd William ap Rees dystiolaeth fwy manwl. Esboniodd mai cwrw priodas oedd yr achlysur, a bod y cwrw wedi darfod erbyn yr hwyr. Yr oedd ef, meddai,

yn gwrando ar ddynion oedd yn bargeinio am ychen, pan welais John ap Rees â'i ben yn waed i gyd, a John Jenkin *ei gefnder* yn ymladd gyda bagad o ddynion … ces fy mwrw i'r ddaear. Cafodd John Jenkin ei daro i'r ddaear hefyd, wn i ddim gan bwy, ond sefais a chodi John Jenkin a gofyn iddo sut oedd e. 'Wn i ddim', oedd ei unig ateb, ond wrth imi ei helpu adref, gwelodd Morgan Thomas Morgan a dweud, 'Edrych, Morgan, beth wnest ti i mi', ac atebodd hwnnw, 'Cer o'ma'.

Mynnodd tyst arall, Thomas ab Evan o Nancwnlle, fod John Jenkin John wedi tynnu cyllell a cheisio trywanu Morgan Thomas Morgan, ond o'r holl dystion, efe oedd yr unig un i ddweud hynny. Ni welsai John Jenkin yn cael ei daro, gan iddo gael ei rwystro gan eraill rhag ymyrryd yn y sgarmes.

Yr oedd ymholiadau'r awdurdodau, er yn hamddenol, yn eithaf trwyadl, ond yn wyneb y dystiolaeth, y mae'r hyn a ddigwyddodd wedyn yn od. Er y byddai unrhyw un a ddarllenai'r dystiolaeth yn tybio mai Morgan Thomas Morgan oedd yn bennaf gyfrifol am farwolaeth John Jenkin John, dyn arall a gafodd y bai, sef Thomas David John, nad yw'n cael ei enwi o gwbl gan rai tystion; yn ôl eraill yr oedd yn aelod o'r criw ymladdgar, ond nid y blaenaf ohonynt. Serch hynny, ei enw ef sy'n ymddangos ymhlith rhestr y carcharorion yn Aberteifi. Cadwyd ef yn y ddalfa am rai wythnosau, a'i wysio o flaen Llys y Sesiwn Fawr.

Y mae'r dystiolaeth yn llenwi tudalennau, ond yr oedd gweddill y broses gyfreithiol yn swta iawn. Ni allai amddiffynnydd benodi cyfreithiwr i ddadlau ei achos. Safai o flaen y barnwr, a byddai'r clerc yn darllen y cyhuddiad yn ei erbyn, a hynny yn Saesneg. Gofynnai'r clerc iddo a blediai'n euog neu'n ddieuog. Mae'n bur debygol y byddai Thomas David John yn Gymro uniaith, ond rhaid tybio i rywun esbonio'r drefn iddo, oherwydd fe blediodd yn ddieuog. Petai dyn yn methu ateb y cyhuddiad o gwbl, gallai gael ei ddedfrydu i farwolaeth yn syth, a hynny trwy'r drefn gyntefig o gael ei wasgu i farwolaeth. Cyfeiria Shakespeare at hyn yn *As You Like It*, pan ddywed Rosalind (sy'n gorfod aros yn ddistaw mewn amgylchiadau ingol): 'O I am press'd to death for want of speech'.

Byr iawn oedd proses y llys wedyn; lle heddiw y gall achos llys barhau am wythnosau neu fisoedd, yr oedd Llys y Sesiwn Fawr yn clirio achosion mewn munudau. Cafwyd Thomas David John yn euog, dedfrydwyd ef i farwolaeth, a dyna fu ei ddiwedd.

Stori ddigon plaen yw hanes llofruddiaeth John Jenkin John. Dynion garw, yn feddw o bosib, yn cweryla; dau ohonynt yn tynnu'r gweddill ar eu pennau, y chwarae'n chwerwi, nes i un dyn gael ei guro'n ddidrugaredd, a marw o'i glwyfau. Ond ystyriwn y dystiolaeth yn fanwl. Dywedodd un tyst mai priodas oedd yr achlysur, un arall mai cwrw priodas ydoedd. Beth oedd a wnelo'r bargeinio am ychen â'r cweryla? Beth yn union oedd achos y ffrae? A dynnodd John Jenkin John gyllell ar ei elynion? Pwy yn union oedd yn euog o farwolaeth John Jenkin? Byddai cyfreithiwr heddiw yn malu'r dystiolaeth, gan mor anghyson ydyw, ond ni allai'r sawl a gyhuddid o drosedd gael help cyfreithiwr yn y llys yr adeg honno. Gwyddom mai dau frawd oedd dau o'r tystion, ond pa mor agos at ei gilydd oedd yr holl rai eraill a enwyd? A pham na holwyd Morgan Thomas

Morgan a gweddill yr ymladdwyr? Nid oes sôn amdanynt yn rhestri'r ddalfa; a oeddynt wedi dianc o afael y cwnstabliaid?

Cwestiwn arall sy'n codi yw iaith y dystiolaeth. Gallwn fod yn sicr mai Cymry uniaith oedd iwmyn Llanddewibrefi a Nancwnlle. Gallwn fod yr un mor sicr mai Cymraeg oedd iaith y ffraeo y noson dyngedfennol honno yng Ngogoyan. 'Gett thee gone' yw'r geiriau a briodolir i Morgan Thomas Morgan wrth ffarwelio â John Jenkin John gwaedlyd, ond gallwn fod yn sicr mai geiriau Cymraeg i'r un pwrpas a ddywedasai. Yr unig Gymraeg a gofnodid yn nogfennau'r llysoedd barn oedd geiriau enllibus neu fradwrus. Pe cyhuddai dyn ei gymydog o fod yn lleidr, nodid y geiriau 'Lleidr wyt ti' yng nghofnodion y llys. Pe taerai dyn yn erbyn y Goron, nodid y geiriau 'Baw i'r brenin' (neu ymadrodd tebyg), a'i gyfieithu'n ddeddfol, 'A turd for the king'!

Ni wyddom bwy fu'n cyfieithu holl eiriau'r tystion niferus yn achos llofruddiaeth Cogoyan ond gallwn fod yn sicr mai Cymry dwyieithog oedd y crwner a'r ustus heddwch. Mynnai'r Deddfau Uno mai dynion a fedrai Saesneg oedd i ddal swyddi dan y Goron, ond yr oedd medru Cymraeg yn amlwg yn fanteisiol. Gallwn fod yn sicr bod Thomas Lloyd a Rhys Griffith Lloyd yn holi'r tystion yn Gymraeg, ond ni wyddom ai hwy, ynteu gwas dienw, fu'n cyfieithu'r cyfan i'r Saesneg.

II. Llofruddiaeth Evan Rees

Yr oedd Edward Vaughan, Trawsgoed, yn un o ddynion pwysig sir Aberteifi yn 1627, ac roedd ei fab John, cyfreithiwr llwyddiannus yn Llundain, ar fin cael ei ethol yn aelod seneddol dros y bwrdeistrefi. Yr oedd Edward yn berchen ar stad oedd yn tyfu'n gyflym gan ei fod ef a dau o'i feibion, John a Henry, wedi priodi â merched teulu dylanwadol y Stedmaniaid, Ystrad-fflur. Nid oedd Edward Vaughan wedi cyrraedd pen yr ysgol hyd yn hyn, ond gwyddai iddo'i godi ei hun a'i deulu yng ngolwg y byd, ac roedd yn hyderus y gallai ei fab, John, gyrraedd y brig.

Un o ustusiaid heddwch sir Aberteifi oedd Edward Vaughan, ac ar 25 Awst 1627, bu'n rhaid iddo holi tystion yn ei gartref yn nyffryn Ystwyth; llofruddiaeth oedd yr achos. Y tyst cyntaf oedd Evan Thomas Morgan, Lledrod:[2]

> Ddeng niwrnod yn ôl [meddai Evan Thomas Morgan] yr oeddwn yn Ffair-rhos, adeg y ffair. Gyda Thomas William Morgan ac Evan Rees yr oeddwn, yn sgwrsio mewn cwmni. Yn sydyn dacw William David ap Rees o Lansanffraid, sir Faesyfed, yn dod draw, a heb air o'i ben, cododd filwg mawr a tharo Evan Rees ar ei ben, gan hollti'r benglog hyd at yr ymennydd. Fe gwympodd yn y man, ac er na fu farw'n syth, fe drengodd ar y deunawfed o'r mis.

> Fe geisiodd William David ddianc, ond cydiais ynddo a dweud wrtho ei fod wedi lladd Evan Rees. 'Lleidr yw e', meddai William, 'mae e wedi dwgyd deugain o 'nefaid i, ac os ydw i wedi ei ladd e, does dim drwg yn hynny'.

Y nesaf i gael ei holi oedd Thomas William Morgan, Lledrod, y dyn a oedd yng nghwmni Evan Thomas Morgan yn y ffair, ac yr oedd ei dystiolaeth yn union yr un fath. Yr oedd yn rhaid i Edward Vaughan holi Phillip David ap Rees, ffermwr o blwyf Gwnnws, i gael rhagor o oleuni ar yr hyn oedd wedi digwydd wythnosau cyn y ffair:

> Ddydd Gŵyl Ifan diwethaf yr oedd hi [24 Mehefin]. Yr oeddwn i yng Nghlaerwen gyda Lewis ab Evan Thomas, a gwelais William David ac Evan Rees yn cwympo ma's. Yr oedden nhw'n ymladd, un gyda'r llall, ac yn curo ei gilydd â phastynau. Aeth Lewis a finnau ati i'w gwahanu, gan dynnu Evan Rees oddi yno a'i roi yn y bwthyn haf gerllaw, a dal y

[2] WALES 4/884/4/10.

92

drws fel na fedrai William fynd i mewn. Dihangodd Evan trwy ddrws arall, cydio yn ei gaseg oedd yn pori gerllaw, dringo ar ei chefn a charlamu i ffwrdd orau y medrai. Rhedodd William ar ei ôl, ond methu â'i ddal, a hyd y gwn i chwrddon nhw ddim eto cyn y ffair.

Rhaid i ustus heddwch wrth amynedd di-ben-draw; bu'n rhaid i Edward Vaughan wrando ar Lewis ap Evan Thomas, Lledrod, ac Annest vch David, Gwnnws, yn rhoi'r un dystiolaeth. Yna daeth Phillip David arall ymlaen; Phillip David ap Richard o Gwnnws oedd hwn, ac yr oedd ganddo ychydig o oleuni ychwanegol:

Fe gwrddes i â William David ganol mis Gorffennaf ar y mynydd, mewn lle o'r enw Hirnant, sir Faesyfed. Aeth y ddau ohonom i mewn i fwthyn, sef Lluest-yn-hirnant, a dyna ni'n dau yn gorwedd ar y brwyn oedd ar lawr. Edrychais o gwmpas, a gwelais ryw dri neu bedwar pastwn, ac yr oeddwn yn meddwl begian un gan William. 'Na', meddai, 'rwy'n eu defnyddio bob dydd pan fydda i'n mynd ar hyd y mynydd-oedd i chwilio am anifeiliaid fy meistr. Fi sy'n gyfrifol amdanynt'. Dywedodd wedyn fod ganddo filwg, a dangosodd hwnnw i mi. 'I beth mae'n dda?' gofynnais iddo. 'Mae Evan Rees wedi gwneud cam â fi, a thorri fy mhen', meddai, 'ac os bydda i yn ei weld byth eto, fe ladda i e â'r bilwg yma'.

Y tyst nesaf oedd Agnes ferch David, Gwnnws. Hi oedd perchen-nog Lluest-yn-hirnant, Claerwen, ac ar Ddydd Gŵyl Ifan bu'n gwylio'r sgarmes rhwng Evan Rees a William David. Yr oedd ei thystiolaeth yn debyg iawn i eiddo Philip David ap Richard, ond yr oedd o'r farn mai Evan Rees a gafodd y gorau yn yr ornest, oherwydd yr oedd rhai o asennau William David wedi eu torri.[3] Os gwir hynny, nid yw'n syndod i William geisio dial ei gam.

Dogfen arall sy wedi goroesi yn yr achos yw adroddiad y

---

[3] WALES 4/884/4/13.

crwner, David Lloyd Oliver. Yr oedd yn rhaid i'r crwner gael tystiolaeth annibynnol am y farwolaeth, a gofynnodd i Rees Morris, Gwnnws, edrych ar gorff Evan Rees. Meddai Rees Morris:

Gwelais glwyf yn ei ben, chwe modfedd o hyd a dwy o led, ac yn mynd at yr ymennydd. Y mae'n amlwg mai dyna achos ei farwolaeth; William David Rees, sydd yn awr yn y carchar, sy'n gyfrifol amdano.[4]

Go brin y byddai crwner heddiw yn caniatáu i dyst meddygol gyhuddo neb yn y fath fodd. Edward Vaughan fu'n gyfrifol am draddodi William David ap Rees i garchar Aberteifi, ac yno y dedfrydwyd ef i farwolaeth.[5]

Tra oeddwn i'n llunio'r bennod hon (1995), bu achos llofruddiaeth ddwbl erchyll yng Nghilfynydd, Morgannwg. Saethwyd dau ddyn yn farw gelain, a chludwyd un arall i'r ysbyty. Ffermwyr y bryniau a'u cymdogion oedd y dynion fu'n cweryla, o bosibl am fod cŵn yn erlid defaid. Rhai annibynnol, garw, fu gwŷr tlawd y tir mynydd erioed, ac nid yw hynny'n syndod; buont yn byw mewn amgylchiadau caled ar gyrion cymdeithas ac yn agos iawn at y dibyn yn economaidd, a gallai colli stoc arwain at dranc. Dyna, mae'n debyg, oedd achos y cweryl rhwng y ddau yn Ffair-rhos yn 1627.

III. Llofruddiaeth John Rossey

I'r ymwelydd haf y dyddiau hyn ymddengys Cwmystwyth fel bro ddedwydd, heddychlon a diogel. Y peryglon mwyaf yw gwynt y dwyrain yn y gaeaf, a'r ceir a'r cerbydau mawr sy'n gwibio'n rhy gyflym ar hyd yr heolydd cul yn yr haf, gan adael ŵyn gwaedlyd ar eu holau. Ond o chwilota ychydig, cawn fod gan Gwmystwyth gynt yr enw o fod yn lloches i ysbeilwyr a lladron. Yn 1594 ysgrif-

---

[4] WALES 4/884/4/14-15.
[5] WALES 4/884/4/20, 36.

ennodd George Owen, yr hanesydd o sir Benfro, *The Dialogue of the Government of Wales*. Ynddo, dywed un o'r cymeriadau:

I was put in great fear how I should pass the Upper part of Cardiganshire for it was told me that I must pass a place called Cwmystwyth, where many Thieves that lived as outlaws, and some not outlawed indeed, made their abode, and that they lived by open Robbing; but God be thanked I escaped their hands, and they said that place and thereabouts is never free from such persons.

Galwedigaeth y dynion hyn oedd dwyn gwartheg, ond yn ôl George Owen, yr oedd gobaith cael eich gwartheg yn ôl, ond ichi symud yn gyflym i drefnu cyfarfod â'r lladron mewn lle penodedig, lle y gallech fargeinio i'w prynu'n ôl am bris rhesymol.

Esboniodd George Owen y rheswm dros broblemau Cwmystwyth:

The place itself is very wild and desolate, full of great and wild mountains and few inhabitants, and thereabout joineth

Cwmystwyth: 'The place itself is very wild and desolate, full of great and wild mountains and few inhabitants . . .' *Llun: Yr awdur.*

95

the three shires of Cardigan, Montgomery and Radnor together being three shires in three several Circuits ruled by three several Justicies of Assize which you cannot find in all Wales beside. And there [= they are] such ill people, if they be pursued by one good sheriff of one of these three shires, they hope to be favoured of another.

Nid dyna'r cyfan, chwaith; beirniadodd Owen swyddogion y Goron am eu hamharodrwydd i erlid y lladron, ac ensyniodd fod y ddwy blaid yn cydweithio er lles ei gilydd, a bod rhyddid i'r lladron fynychu ffair ac eglwys heb gael eu herlid gan y gyfraith. Yr oedd yr un problemau, am yr un rhesymau, yn bodoli mewn ardaloedd megis Mawddwy ac Ysbyty Ifan.

Y teulu mwyaf blaenllaw yng Nghwmystwyth rhwng 1580 a 1700 oedd yr Herbertiaid. Yr oedd cynrychiolwyr y teulu amlganghennog hwn yn trigo yn Nolybeudy (Tŷ Mawr heddiw), Dol-y-gors a Hafod Uchdryd, ac yn ôl y traddodiad lleol yr oedd rhai ohonynt yn ddigon parod i fod yn lladron eu hunain. Dywedir hyd heddiw bod un o'r Herbertiaid wedi cael meddiant o Ddol-y-gors trwy guddio'i darw ym meudy'r fferm, a chael ei ddynion i gyhuddo'r tenant o'i ddwyn. Gan mai yn nwylo'r Herbertiaid yr oedd grym y gyfraith, nid oedd dewis gan y tenant ond ildio'r fferm i osgoi'r crocbren. Bydd y cyfarwydd yn deall mai stori werin yw hon, ac iddi'r un thema â stori'r Hwrdd Du yn Ffynnon Bedr, ond dengys y chwedl beth oedd barn y werin am y tirfeddianwyr.

Serch hynny, yn 1620 dymunai Morgan Herbert, Hafod Uchdryd, godi eglwys newydd yng Nghwmystwyth. Yr oedd codi eglwys newydd yn weithred anghyffredin iawn wedi'r Diwygiad Protest-annaidd, ond cynigiodd Herbert resymau teg iawn i'r esgob wrth wneud ei gais. Yr oedd Llantrisant, yr eglwys a wasanaethai Lanfihangel-y-Creuddyn Uchaf, yn dadfeilio, ac yn bell oddi wrth y bobl; yr oedd angen eglwys i ddylanwadu ar y trigolion afreolus a pheryglus, a'u gwareiddio. Diddorol yw sylwi lle y lleolodd Herbert ei eglwys newydd; mae'n nes at drwch poblogaeth yr ardal, ac yn gyfleus hefyd i'w gartref, Hafod Uchdryd, ond nid mor agos fel y byddai pobl yn tarfu ar ei heddwch. Heddiw, er ei bod yn fwy na 370 blwydd oed, y mae eglwys Hafod yn Eglwys Newydd o hyd.

Er gwaethaf hynny, ni wareiddiwyd y bobl, hyd yn oed rhai o deulu'r Herbertiaid eu hunain. Nid oedd cenhedlaeth wedi mynd heibio ers adeiladu'r eglwys cyn yr ysgubodd y Rhyfel Cartref trwy Loegr a Chymru. Bu'r ymladd ffyrnicaf yn Lloegr, ond treiddiodd y rhyfel trwy Gymru benbaladr hefyd, ac erbyn 1646 yr oedd milwyr y Senedd yng ngogledd Ceredigion yn gwarchae ac yn cipio castell Aberystwyth, lle y bu'r Bathdy Brenhinol am gyfnod yn cynhyrchu arian bath ar gyfer milwyr y brenin Siarl. Yr oedd dyfodiad y rhyfel i Gymru yn benbleth i'r boneddigion; ar y cychwyn safasai Cymru'n gryf dros y brenin, a bu John Vaughan, Trawsgoed, yn gohebu ag arweinyddion brenhinol y De. Cododd John Jones, Nanteos, gatrawd o filwyr dros y brenin. Ond pan ddaeth y rhyfel i ardal Aberystwyth, newidiodd John Jones ei got, a chynorthwyodd i gipio'r castell yn 1646. Yr oedd rhai yn barod i gyhuddo John Vaughan o fod yn Sioni-bob-ochr, ond nid oes tystiolaeth i brofi hynny.

Yn ddiweddarach, honnodd John Vaughan i filwyr Seneddol reibio plas y Trawsgoed, er mawr golled iddo ef a'i deulu, ond nid oes tystiolaeth i brofi'r cyhuddiad hwnnw chwaith. Yr hyn sy'n sicr yw bod yr awdurdodau seneddol wedi gorchymyn dinistrio castell Aberystwyth yn 1649 trwy osod ffrwydron dan y tyrau i'w dymchwel.

Nid yw'r ffeithiau hyn yn esbonio pam yr oedd milwr o'r enw John Rossey ar gyfyl Hafod Uchdryd ar 15 Awst 1648. Dywed cofnodion Llys y Sesiwn Fawr ei fod dan awdurdod Capten Burgess 'yn heddwch Duw a'r heddwch cyhoeddus' pan ymosodwyd arno gan bedwar Cymro: David Herbert o Bantyseiri, Morgan Evan o Hafod Uchdryd, James Richard o Gwnnws a David Richard *alias* Herbert o Gwnnws oedd eu henwau. Disgrifir David Herbert fel 'yeoman', a James Richard fel crydd. Pantyseiri yw Pantysheriff, cartref yn ddiweddarach i John Williams 'brenin y mynyddoedd', y bu ei ddisgynyddion yn adeiladu Castle Hill, Llanilar. Perthynai David Herbert i dylwyth Herbertiaid Cwmystwyth, er ei fod yn ei ddisgrifio'i hun fel ywmon, nid bonheddwr. Awgryma'r enw 'David Richard *alias* Herbert' y gallai hwnnw fod yn blentyn siawns.

Bu ymosodiad y pedwar ar John Rossey yn gyflym ac erchyll. Gan ddefnyddio cleddyfau a phigau, fe lwyddodd y pedwar i roi dwy ergyd i Rossey, a bu hynny'n ddigon i'w ladd ar unwaith. Agorodd un ergyd glwyf sylweddol ar ei ben-glin ('pedair modfedd wrth bedair' yn ôl y dystiolaeth), ond yr un a'i lladdodd oedd yr ergyd a drywanodd ei wddf. Ni wyddom lle y claddwyd ei gorff.

Ni wyddom beth oedd achos y ffrwgwd gwaedlyd na pham roedd Rossey yn Hafod Uchdryd o gwbl. Efallai mai ar ei ffordd adref i Loegr o Aberystwyth yr oedd. Y ffordd gyflymaf i Loegr yr adeg honno oedd y ffordd trwy Bontarfynach a Chwmystwyth, gan wyro ym Mlaen-cwm i gyfeiriad Llangurig, ac nid croesi i Raeadr. Nid oedd y ffordd bresennol uwch Hafod Uchdryd yn bod yr adeg honno, a byddai John Rossey wedi dilyn y llwybr isaf sy'n mynd yn agos iawn at safle Hafod Uchdryd. Mae'n bosibl mai gwrth-drawiad politicaidd ydoedd – pedwar o gefnogwyr siomedig a dicllon y brenin yn llwyddo i ddal un o'r pengryniaid atgas yn ddiamddiffyn. Neu gallasai fod yn gweryl hiliol – pedwar Cymro garw yn talu hen bwyth yn ôl mewn dull eithafol. Y cyfan a ddywed y ffynhonnell yw mai o falais a chynllwyn y gweithredodd y llofruddion, ond geiriau ystrydebol ydynt, heb unrhyw ystyr a berthynai i'r achos.

Aeth mwy na thair blynedd heibio cyn i'r awdurdodau lwyddo i gael un o'r pedwar Cymro o flaen Llys y Sesiwn Fawr yn Aberteifi, a chofnodion y llys yw'r ffynhonnell ar gyfer yr hanes. Gwaetha'r modd, nid oes gennym bapurau sy'n cofnodi geiriau'r tystion, ond yr oedd un rheithgor eisoes wedi datgan mai llofruddiaeth oedd achos marwolaeth Rossey, ac wedi enwi'r pedwar Cymro. Felly daethpwyd â David Herbert o flaen y llys, a gofyn iddo beth oedd ei ble. 'Dieuog', oedd yr ateb, ac yr oedd yn fodlon mynd o flaen rheithgor. Nid yr un rheithgor ag o'r blaen, mae'n siŵr, oherwydd fe'i cafwyd yn ddieuog, a'i ryddhau.

Ni wyddom y rheswm am y ddedfryd. Yr oedd trefn y llysoedd barn yn ystod yr ail ganrif ar bymtheg yn bur wahanol i'w harferion heddiw. Nodais eisoes na châi diffynnydd gyfreithiwr i'w amddiffyn. Darllenid y cyhuddiad iddo, a gofyn iddo bledio'n euog neu'n ddieuog. Wedi iddynt glywed y dystiolaeth, gofynnid i'r rheithwyr am eu barn, a dyna hi. Yr oedd y llefaru i gyd yn Saesneg, a rhaid bod hynny'n broblem i ddiffynyddion uniaith Gymraeg. Y mae'r ddedfryd yn achos David Herbert yn peri syndod oherwydd yr oedd yn amlwg fod y rheithgor blaenorol wedi tybio bod David Herbert yn euog, ond dyna'r ail yn ei ryddhau. Tybed a oeddynt yn cydymdeimlo ag ef am resymau gwleidyddol, am eu bod oll yn frenhinwyr, neu ai am resymau hiliol, am eu bod yn Gymry? Mae hefyd yn bosibl iddo gael ei ryddhau am fod tair blynedd eisoes wedi mynd heibio ac yntau yn y carchar yn disgwyl mynd ar ei brawf. Yn anffodus, nid oes modd inni wybod.

PENNOD 10

HELYNTION MERCHED

Y mae llawer o gofnodion a ffynonellau eraill hanes Ceredigion yn taflu goleuni ar hanes dynion, gan adael merched yn y cysgod. Un ffynhonnell sy'n dweud llawer wrthym am ferched sir Aberteifi a'u problemau yw cofnodion Llys y Sesiwn Fawr, er bod y papurau rhwng 1543 a 1700 yn fylchog iawn. Yr oedd mwyafrif y troseddwyr a fu o flaen y llys yn Aberteifi yn ddynion, ond rhoddwyd merched o flaen eu gwell hefyd, a hynny am amrywiaeth o droseddau a drafodir maes o law. Ymddangosent yn y llys hefyd fel tystion mewn sawl achos, a dioddefent droseddau gan bobl eraill. Ymgais yw'r bennod hon i ddangos cymaint o oleuni y mae'r cofnodion yn ei daflu ar fywydau merched.

Y mae'r gair Cymraeg 'trais' yn gorfod gweithio'n galed, oherwydd y mae iddo ddau ystyr; un yn cyfleu ffyrnigrwydd, ymosodiad a niwed, a'r llall yn golygu ymosodiad rhywiol ar y gwrthrych yn erbyn ei ewyllys â threiddio corfforol. Y mae'n hawdd gweld y cysylltiad rhwng y ddau ystyr, a chan amlaf y mae'n ddigon amlwg o'r cyd-destun pa ystyr sydd dan sylw. Y mae'r hanesydd yn wynebu'r un fath o broblem gyda'r gair Lladin, 'raptus'. Pan ddywed cofnod llys fod merch wedi bod yn wrthrych *raptus*, gall olygu trais rhywiol, neu gall olygu iddi gael ei chipio a'i dal yn erbyn ei hewyllys; mae'r cysylltiad rhwng y ddau ystyr yn glir. Cyhuddwyd y bardd Saesneg Geoffrey Chaucer o gyflawni *raptus* ar ferch, ond ni wyddom ai trosedd rywiol a gyflawnodd ai ei dal yn erbyn ei hewyllys, ond euog neu beidio, prynodd Chaucer ei hun o'r helynt.

Y mae nodweddion unigryw i achosion trais rhywiol ar ferch. Credir yn gyffredinol mai lleiafrif yr achosion sy'n cael eu hadrodd wrth yr awdurdodau, ac awgrymir nifer o resymau dros hynny. Yn gyntaf, y mae bron bob tro yn drosedd heb dystion iddi. Yn ail, cyn dyfeisio profion DNA gallai fod yn anodd cael tystiolaeth wrthrychol, wyddonol ac annibynnol i gysylltu'r troseddwr â'r drosedd. Yn drydydd, gallai'r achos droi ar hygrededd y ddwy blaid, y gyhuddwraig a'r diffynnydd. Yn bedwerydd, ac yn rhannol oherwydd y rhesymau blaenorol, yr oedd, ac y mae, yn brofiad diflas i ferch gyhuddo rhywun o'i threisio, oherwydd bod yn rhaid iddi ail-fyw'r profiad hwnnw mewn llys. Yn bumed, er mai ofni ymosodiad gan ddieithryn y mae llawer merch, gan amlaf fe gyflawnir trais gan berthynas, gan gymydog, neu gan rywun y mae'r ferch yn ei adnabod. Yn chweched, y mae cyhuddiadau o drais yn faterion sensitif iawn ym mherthynas y ddau ryw â'i gilydd; dywedir yn aml nad gweithred i sicrhau pleser rhywiol ydyw yn bennaf, ond mynegiant o bŵer dyn dros ferch, ac o gasineb dyn tuag ati. Mae dyn a gyhuddir o drais yn barod iawn i feio'r ferch, a thros y canrifoedd, dynion fu'n gweinyddu cyfiawnder, ac yn tueddu i ochri gyda'u rhyw eu hunain, gan ddefnyddio nifer o ddadleuon: bod y ferch yn dweud celwydd, bod y ferch wedi cydsynio, neu iddi 'fy nenu trwy ei hymddygiad a'i gwisg'.

Nid yw'n syndod, felly, bod llawer o ferched yn dioddef yn ddistaw yn hytrach nag yn cyhuddo. Yn waeth na hynny, hyd yn oed, meddai Dr Jill Barber:

magistrates were reluctant to press charges because they did not view the rape of an adult woman, especially a servant, as a punishable offence.[1]

---

[1] Jill Barber, 'Stolen Goods: The Sexual Harassment of Female Servants in West Wales during the Nineteenth Century', *Rural History*, Vol. 4, no. 2 (1993), tt. 123-37.

Er bod gwirionedd yn y gosodiad, rhaid cofio bod dienyddiad yn dal yn gosb am drais yn ystod yr unfed a'r ail ganrif ar bymtheg, ond yr oedd tuedd gan ambell reithgor i ochri ag unrhyw un a allai gael ei ddienyddio pe profid ef yn euog.

Nid oes modd cyffredinoli ynghylch lefel troseddau rhywiol yn sir Aberteifi yn y cyfnod modern cynnar, fwy nag ynghylch lefel troseddau difrifol eraill, am fod y dystiolaeth ymhlith cofnodion ysbeidiol Llys y Sesiwn Fawr cyn 1700 mor brin. Ond y mae tystiolaeth mewn dau achos, un o 1580 a'r llall o 1666, sy'n lleisio'n fyw iawn rai o'r problemau sy'n dal yn amlwg heddiw wrth drafod y drosedd arbennig hon.

Yn achos Agnes ferch Rees, Betws Bledrws, a'i chyhuddiad o drais yn erbyn David ap John ap Howell Deio yn 1580, ni allwn fod yn siŵr beth oedd ystyr y cyhuddiad na chwaith pwy a gyhuddwyd; mae hynny'n bennaf oherwydd y cyfan sydd gennym yw tystiolaeth Agnes ei hun. Ni wyddom a fu neb yn y carchar, na chwaith a fu cosb. Ond mae tystiolaeth Agnes yn ddigon diddorol er nad oes dim byd arall i'w chadarnhau, ac ymddengys fod i'r gair Saesneg 'rape' ei amwysedd yr un fath â'r Lladin 'raptus'.

Daeth Agnes i Lanbedr Pont Steffan ar ddiwrnod o haf yn y flwyddyn 1580 i roi ei thystiolaeth i Thomas Griffith, yr ustus heddwch. Cyn dechrau crynhoi ei geiriau, rhaid ceisio deall perthynas y prif gymeriadau yn y ddrama â'i gilydd. Problem Agnes oedd ei hewythr, Owen David ap Howell, a chwaraeodd ran Pandarus dros David ap John ap Howell Deio. Rwy'n tybio mai nai i Owen oedd y David hwn. Rwy'n tybio hefyd mai ewythr i Agnes ar ochr ei thad, nid ei mam, oedd Owen. Os iawn y tybiaf, yna yr oedd David ap John yn gefnder i Agnes – nid bod hynny'n esgus o unrhyw fath dros ei ymddygiad ef na'i ewythr.[2] Gall cart achau esbonio'r sefyllfa:

---

[2] Daw'r cyfan o WALES 4/883/8/46.

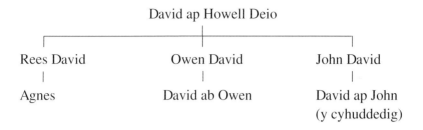

David ap Howell Deio

Rees David	Owen David	John David
Agnes	David ab Owen	David ap John (y cyhuddedig)

Lai na mis cyn iddi roi ei thystiolaeth i Thomas Griffith yr oedd Agnes yn gweithio ar fferm ei hewythr, Owen David ap Howell, ym Metws Bledrws. Nithio oedd ei thasg, sef y gwaith llychlyd o wahanu'r grawn ŷd oddi wrth y man us a'r llwch. Am dri o'r gloch y prynhawn yr oedd Agnes wrthi'n cludo llwyth o'r grawn i'r tŷ pan ddaeth ei hewythr, Owen, a rhyw Rees ab Evan Llewelyn, a nifer o bobl eraill (ni ddywed Agnes a oedd menywod yn bresennol hefyd ai peidio), a gofyn iddi briodi David ap John ap Howell Deio. 'Na wnaf,' oedd ateb Agnes, 'heb gydsyniad fy mam a'm chwiorydd.' Yr oedd yn ymateb nodweddiadol o'r oes; dro ar ôl tro gwelwn y byddai barn perthnasau a chyfeillesau yn ddylanwad cryf ar benderfyniad merch. Gwelwn hefyd beth oedd problem sylfaenol Agnes mewn cymdeithas batriarchaidd; nid oedd ganddi na thad na brawd i'w hamddiffyn. Yn wir, gellid disgwyl y gallai brawd ei thad weithredu fel amddiffynnydd i'r ferch ifanc, ac nid yw'n syndod ei fod yn ceisio llaw ei nith dros ei fab ei hun.

Ond yn lle gadael llonydd i achos ei nai, neu fynd at fam Agnes ei chwaer-yng-nghyfraith, trodd Owen o'r chwareus i'r chwerw. Ei ymateb, meddai Agnes, oedd bygwth mynd â hi at David ap John yn erbyn ei hewyllys. Nid oedd hynny'n ddigon i'w gorfodi i newid ei meddwl, ac os gofynnir pam na fyddai Agnes yn barod i ddweud celwydd trwy fynegi rhyw fath o gydsyniad er mwyn cael dianc adref, rhaid cofio y byddai pawb oedd yn bresennol yn ystyried unrhyw air cadarnhaol ar ei rhan hi'n addewid o ddifrif, a byddai'n anodd, os nad yn amhosibl, iddi osgoi'r canlyniadau. Gan nad oedd

Agnes yn barod i newid ei meddwl, cadwodd Owen hi yn ei gartref hyd hanner nos, weithiau'n ceisio ei denu â geiriau teg, weithiau'n ei bygwth. Mae'n anodd dyfalu ei gymhellion, ond gellir awgrymu ei fod yn teimlo'n daer o blaid ei nai, a'i fod yn bwriadu sicrhau priodas – trwy rym os nad trwy deg.

Er nad yw'r camau nesaf yn yr hanes yn hollol glir, ymddengys fod mam Agnes wedi dod i chwilio amdani pan na chyrhaeddodd adref, ac wrth weld ei merch yn dod o dŷ Owen, erfyniodd ar Owen i beidio â gorfodi Agnes i fynd at David John yn erbyn ei hewyllys. Ni chymerodd Owen sylw o gŵyn y fam na'r ferch, ond yn hytrach, wedi sgwrs ar wahân gyda'i fab, David ab Owen, a dyn arall o'r enw Evan ab Einon, aeth David i nôl ceffyl. Neidiodd Evan ab Einon ar gefn y ceffyl, a gorchmynnwyd Agnes i eistedd tu ôl iddo. Syrthiodd Agnes a'i mam ar eu gliniau, ac yn eu dagrau erfyniasant yn daer ar Owen i beidio â cham-drin y ferch.

Yn ofer y llefodd y ddwy; cydiodd David ab Owen a'i frawd Thomas yn Agnes a'i chodi'n ddiseremoni ar gefn y ceffyl y tu ôl i Evan ab Einon. I'w gartref ei hun yr aeth Evan, a gorfodi Agnes i'r tŷ i orwedd yn y gwely gyda'i wraig ei hun. Mae'n bosibl i hynny esmwytháu ychydig ar feddwl Agnes, ond os felly, byr fu ei gollyngdod. Ymhen hir a hwyr cyrhaeddodd Owen a'i fab David, a chyda hwy roedd David ap John ap Howell, y dyn yr oedd Owen mor daer i Agnes ei briodi. Dyma'r tro cyntaf iddo ymddangos ar y llwyfan.

Gorchmynnodd Evan ab Einon i'w wraig godi o'r gwely a mynd o'r ystafell, gan sicrhau Agnes y deuai Elliw'r forwyn i gysgu gyda hi. Erbyn hyn, meddai Agnes wrth yr ustus heddwch, yr oedd ymhell heibio i hanner nos, a doedd dim golau yn yr ystafell. Nid Elliw a ddaeth at Agnes yn ei gwely dieithr a thywyll ond: 'the said Dauid ap John cam to bedde to [me] and would have ravished [me] . . .'

Yr oedd Owen yn mhen isaf y tŷ, tra oedd Evan ab Einon wrth y gwely yn dal dwylo Agnes, a phan lefodd y ferch yn uchel, rhoes Evan ei law dros ei cheg. Erbyn hyn yr oedd David ap John yn gorwedd arni. Serch hynny, meddai Agnes wrth yr ynad, nid oedd David wedi llwyddo yn ei ymgais i gael cyfathrach rywiol â hi. Daeth gwraig Evan ab Einon at erchwyn y gwely i ymyrryd; eto nid i achub Agnes ond i ddweud wrthi am fod yn ddistaw. Am y tro rhoes y dynion y gorau i'w hymdrechion, a chludo Agnes o gartref Evan i gartref David ap John a'i dad. Rhaid ei bod yn strancio ac yn protestio, oherwydd cydiodd Evan yn ei ffedog, ei throi o gwmpas ei gwddf a'i harwain fel llo at y drws. Yno, yn annisgwyl iawn, a hithau erbyn hyn ar wawrio, cyfarfu Agnes â ffrind. Nid oedd tad David ap John yn fodlon fod y ferch yn cael ei thrin yn y fath fodd, er mai ei fab ef ei hun oedd i elwa, ac ni châi'r ferch ddod i'w dŷ dan y fath amodau.

Ymddengys wedyn i Owen a gweddill y dynion ddigalonni, a dechrau hebrwng Agnes tuag adref. Ond yno yn eu disgwyl, meddai Agnes, yr oedd siryf Ceredigion; rhaid bod mam Agnes wedi rhedeg i chwilio am gymorth. Dylem ninnau oedi ennyd i ofyn ai'r siryf ei hun a gyrhaeddodd, ynteu un o'i ddirprwyon. Siryf Ceredigion yn ystod haf 1580 oedd John Pryse, Gogerddan, a go brin y gallai mam Agnes fynd o Betws Bledrws i Gogerddan ac yn ôl mewn cyn lleied o amser. Gofynnodd y swyddog i'r criw o ddynion ai hon oedd y ferch a gâi ei chymryd yn erbyn ei hewyllys, a gorchmyn-nodd John ap David (tad y treisiwr honedig) ac Evan ap John (brawd y treisiwr?) i ddod ag Agnes ato ef, sef y swyddog, y Sul canlynol.

Serch hynny, cyn gynted ag yr oedd y swyddog wedi ffarwelio, cydiodd Owen yn Agnes, ei chario i'w gartref ei hun, a'i chadw yno am ddau ddiwrnod a dwy noson mewn ystafell gaeedig. Ni fedrai siarad â neb, er bod chwaer ei mam a nifer o ddynion a merched wedi ceisio'i gweld. Yna symudwyd hi i sir Gaerfyrddin am ddeng niwrnod. A dyna ddiwedd y dystiolaeth.

Y mae'n ddiweddglo anfoddhaol, wrth gwrs. Yr oedd Agnes yn bendant nad oedd David ap John wedi ei threisio yn ystod noson gyntaf yr hanes:

[she] being further examined whither the said David ap John hadd carnall copulacion with her or no, saith he hadd not . . .

Ni chwynodd chwaith i unrhyw gais gael ei wneud i'w threisio yn ystod y deng niwrnod yn sir Gaerfyrddin. Rhaid cymryd fod y cyhuddiad o drais yn erbyn David ap John yn cyfeirio naill ai at ei ymgais aflwyddiannus i gael cyfathrach rywiol yn ystod y noson gyntaf, neu (yn ystyr arall y gair Lladin 'raptus') at y ffordd y cadwyd Agnes yn garcharor yn erbyn ei hewyllys. Ond nid David ap John oedd yn euog o hynny, eithr Owen, ei hewythr, ac Evan ab Einon. Ymddengys y dystiolaeth yn anfoddhaol oherwydd naill ai yr oedd Agnes heb ddweud fawr ddim am ei phrofiad yn sir Gaerfyrddin, neu yr oedd Thomas Griffith, yr ustus, a'i glerc wedi colli diddordeb ac wedi esgeuluso cofnodi gweddill ei thystiolaeth.

Ni wyddom beth ddigwyddodd i'r troseddwyr ac ni chawn wybod byth, oherwydd saif y dogfennau tystiolaeth ar eu pennau eu hunain. Ar un wedd y mae'n syndod ein bod yn gwybod unrhyw beth o gwbl am helynt Agnes ferch Rees. Bylchog iawn yw cofnodion cynnar Llys y Sesiwn Fawr yn sir Aberteifi, ac yn yr achosion troseddol y mae gwybodaeth amdanynt ar gael, dynion yn lladd dynion a dynion yn dwyn eiddo dynion, yw mwyafrif yr achosion.

Mae'n anodd gwybod a ydy hynny'n awgrymu bod trais yn erbyn merched sir Aberteifi yn ddigwyddiad anghyffredin. Y cyfan y mae'r uchod yn ei awgrymu yw mor amharod yr oedd merched i fynd trwy'r holl brofiad o flaen swyddogion a thynnu sylw unwaith eto at ddigwyddiad oedd yn peri pob math o deimladau diflas ac erchyll. Ym mhennod 4 adroddir hanes David Griffith, person plwyf Llanarth, a gyhuddwyd o gipio merch a'i chadw'n garcharor. Yr oedd hithau, fel Agnes, yn ferch heb dad i'w hamddiffyn.

Nid felly wrthrych yr ail achos o drais, sef Catherine Phillip, Blaenpennal; yr oedd ei thad yn barod iawn i'w chefnogi hi yn ei hachos. Ar y deuddegfed o Chwefror 1667, yr oedd John Vaughan, a fyddai o fewn ychydig fisoedd yn brif ustus Llys y Pleoedd Cyffredin yn Llundain, yn eistedd yn ei blas yn Nhrawsgoed yn gwrando ar dystion:

concerning a felonious Rape praetended [= honedig] to bee committed upon the body of one Katherine Phillip of Blaenpennall . . . by Rees Thomas of Blaen pennal.[3]

Catherine ei hun oedd y tyst cyntaf; merch o gefndir ychydig yn fwy breintiedig nag Agnes ferch Rees. Tra oedd Agnes heb na thad na brawd, yr oedd gan Catherine dad a oedd yn ddyn o bwys yn y fro, sef Philip Pugh, Hendre Pennal, bonheddwr, perchennog tir, ac un o arweinwyr Anghydffurfwyr cynnar Ceredigion.[4]

Yn ystod bore'r 27 Mai y flwyddyn gynt, meddai Catherine, aethai i briodas mab Mathias Rosser. Dechreuodd gerdded adref rhwng hanner dydd ac un o'r gloch y prynhawn, pan oddiweddodd Rees Thomas hi ger tŷ gwag. Cydiodd ynddi a'i thaflu i'r llawr:

and prepared himself with all his might to have carnall knowledge of her body which shee resisted with all her power and cryed out for helpe but none came in to rescue her . . .

Rhoes y dyn ei law dros ei cheg i'w rhwystro rhag sgrechian, ac ymladdodd hithau ym mhob modd posibl, ond o'r diwedd gwanychodd mor llwyr nes i Rees lwyddo i'w threisio'n rhywiol. Yr oedd ei breichiau'n las ac yn ddu am iddi ymladd mor chwyrn, meddai.

Torrodd John Vaughan ar draws Catherine i ofyn a oedd hi wedi cael cyfathrach rywiol gyda Rees Thomas, naill ai cyn y digwyddiad hwn, neu wedi hynny, a thyngodd hithau lw nad oedd Rees na neb

---

[3] WALES 4/885/51/6.
[4] Diolch i Dr Evan James am y ffeithiau am Philip Pugh.

arall erioed wedi gorwedd gyda hi (ymddengys ei bod yn mynnu ei bod yn wyryf). Ond, meddai hi, canlyniad y trais oedd iddi feichiogi, a ganed merch iddi ar y trydydd ar ddeg o Ionawr. Os gwir ei thystiolaeth, ganed y plentyn ar ôl saith mis. Ni ddywedodd Catherine a oedd y plentyn yn dal yn fyw.

Pam felly, gofynnodd John Vaughan iddi, nad oedd hi wedi achwyn am y trais yn ôl ym mis Mai, yn fuan wedi'r digwyddiad? Ei hateb oedd iddi fynd yn syth at ei thad, Philip Pugh, a'i frawd, Rees ap Hugh, yr un noson ag y dychwelodd wedi iddi gael ei cham-drin gan Rees Thomas. Yr oedd wedi drysu cymaint, ac wedi llewygu dan ei bwysau, fel na ddeallai'n iawn ei bod wedi cael ei threisio nes sylweddoli wythnosau'n ddiweddarach ei bod yn feichiog. Gorffennodd ei thystiolaeth trwy fynnu eto nad oedd hi erioed wedi cydsynio i gael cyfathrach rhywiol.

Y tyst nesaf oedd Philip Pugh, tad Catherine. Do'n wir, meddai, daethai Catherine adref o'r briodas yn wylo ac yn crynu, a'i breichiau'n ddu ac yn las, gan gwyno i Rees ap Thomas ei cham-drin. Ond, oedd cwestiwn John Vaughan, a ddywedodd yr adeg honno iddi gael ei threisio? Na, meddai Pugh, nid oedd hi wedi deall beth yn union oedd wedi digwydd nes iddi ei chael ei hun yn feichiog. Gan fod hynny wedi dod yn amlwg fisoedd cyn hynny, meddai John Vaughan, pam na fyddai Pugh wedi erlyn yr achos yn gynharach? Atebodd Pugh fod Rees ap Thomas wedi gadael y fro yn syth wedi'r digwyddiad, gan ddychwelyd adeg y cynhaeaf gwair, ond pan glywodd fod Catherine yn feichiog, diflannodd yr eildro, ac ni ddaeth yn ôl tan fis Ionawr. Pan alwyd ar frawd Philip, sef Rees ap Hugh, cadarnhaodd dystiolaeth ei frawd.

Nid oedd neb wedi gweld yr hyn a ddigwyddodd rhwng Rees ap Thomas a Catherine Phillip, ond roedd rhywun o fewn clyw. Daeth Maud, ferch Evan o Flaenpennal, ymlaen i dystio ei bod wedi pasio 'rhwng y tai' yn agos at y fan lle y tybiwyd i Catherine gael ei threisio. Yr oedd Maud wedi clywed llais yn llefain, a rhywun yn

galw ddwywaith ar enw Duw, ac yn syth wedi hynny gwelodd
ferch yn mynd i fyny'r allt gerllaw, a dyn yn neidio ar geffyl ac yn
ei dilyn. Trannoeth dywedwyd wrthi mai Catherine a Rees Thomas
oedd y ddau.

Y tyst olaf i ymddangos oedd Rees ap Thomas ei hun. Rhoddodd
ei dystiolaeth yn gryno:

> Rees Thomas . . . sayth and confesseth that hee had carnall
> knowledge of the body of the said Katherine att the time sett
> foorth . . . but denyeth that hee used any manner of violence
> towards her but saith that shee was fully consenting thereunto
> and as willing as himself . . .

Buasai dyn wedi hoffi gweld John Vaughan yn ei holi'n galetach. A
honnai iddo gael cyfathrach â Catherine rywdro arall? A gynigiasai
ei phriodi? Neu a oedd yn adrodd ystrydebau i gyfiawnhau ei
ymddygiad gwarthus?

Unwaith eto y mae'r hanes yn diweddu'n anfoddhaol. Y mae
dogfen arall yn yr archif yn dangos fod Catherine Phillip a'r tystion
eraill wedi eu rhwymo i ymddangos gerbron Llys y Sesiwn Fawr,
ond ni lwyddais i weld beth fu diwedd yr achos.[5] Y mae'r hanes yn
un rhyfedd. A oes modd credu honiad Rees ap Thomas fod Catherine
wedi cydsynio i gyfathrach rywiol? A oes modd credu Catherine
pan ddywed na wyddai iddi gael ei threisio nes iddi ei chael ei hun
yn feichiog? Ai ymgais oedd yr achos i gael Rees ap Thomas i'w
phriodi ac i gynnal ei phlentyn? Trafodais yr achos gyda bydwraig
brofiadol a fynnai na allai tystiolaeth Catherine fod yn gywir.

Y mae cyfeiriadau eraill yn y cofnodion at achosion o drais yng
Ngheredigion, ond nid oes unrhyw dystiolaeth fanwl. Y mae'n amlwg
nad oedd yr awdurdodau'n edrych ar drais fel trosedd ddifrifol bob
tro. Yn 1567, er enghraifft, ysgrifennodd llywydd Cyngor Cymru
a'r Gororau at brif ustus de-orllewin Cymru i achwyn fod William

---

[5] WALES 4/885/51/44.

David Lloyd o Dre-main, sir Aberteifi, yn cael mynd a dod fel y mynnai er ei fod wedi rhoi mechnïaeth i ymddangos o flaen y llys ar gyhuddiadau o lofruddio David ab Evan a threisio Jane ferch Evan Lloyd; y mae'r enw Evan mor gyffredin fel na ddylid tybio fod y ddau hyn yn frawd a chwaer, er bod hynny'n bosibilrwydd.

Gwaeth na'r achosion diflas uchod oedd tynged Grace James, gwraig briod o Aberteifi. Yn 1651, meddai'r cofnod moel yn yr archif, lladdwyd hi gan ei gŵr, Owen, drwy ei tharo ar ei chlust â'i ddwrn ac ar ei phen â charreg. Bu Grace fyw am dair wythnos cyn marw o'i chlwyfau, ond unwaith eto, ni wyddom beth a ddigwyddodd i'r troseddwr honedig.[6] Dyn arall a gyhuddwyd o ladd ei wraig, Elen, oedd Rheinallt Morris o Lanfihangel Genau'r-glyn yn 1652. Mynnai'r tystion iddo roi arsenig melyn iddi, ac ar gefn y nodyn sy'n disgrifio'r cyhuddiad y mae'r geiriau, 'a True Bill'; hynny yw, pan ddaeth Rheinallt o flaen y rheithgor cyntaf, tybiwyd fod digon o dystiolaeth i gyfiawnhau ei roi ar ei brawf o flaen y barnwr a'r ail reithgor. Ond ni dderbyniodd yr ail reithgor y cyhuddiad, a rhyddhawyd Rheinallt.[7]

Y mae pob un o'r achosion hyn yn dangos un nodwedd sydd yr un mor amlwg yn y math hwn o drosedd heddiw, sef er bod merched yn ofni ymosodiadau gan ddynion dieithr, y rhai mwyaf peryglus iddynt yw eu partneriaid, eu cymdogion a'u ffrindiau. Eithriad, o bosibl, oedd yr achos yn Llanilar yn 1653 pan gyhuddwyd rhyw lafurwr o Lanbadarn Fawr, y collwyd ei enw o'r cofnodion, o ladd merch ddibriod, Catherine Morgan o Lanilar; yr hyn a wnaeth ef, meddai'r ddogfen, oedd:

beat and strike [her] giving unto the said Katherine Morgan with his hands [and feet] one mortall bruise upon the right side of her body neer her privy parts of which said mortall

[6] WALES 4/884/7/11.
[7] WALES 4/884/8/5.

bruise [she] from the said tenth day of March . . . till the seaven and twentieth day of [? March] did languishe upon which said seaven and twentieth day of March at Llanilar . . . of the said mortall bruise [she] died.

Y mae'r dystiolaeth yn eglur, ond ni fu raid i'r cyhuddedig ymddangos o flaen y barnwr, ac ar gefn y cyhuddiad y mae'r geiriau 'a False Bill'.[8] Yr oedd bywyd yn rhad, ac mae tystiolaeth fel hon yn awgrymu fod bywyd merch yn rhatach byth.

[8] WALES 4/884/8/10.

PENNOD 11

HELYNTION GWRACHOD

Ddoe, fel heddiw, yr oedd mwyafrif y troseddwyr a ymddangosai o flaen llys barn yn ddynion, ond llusgid merched o flaen Llys y Sesiwn Fawr yn sir Aberteifi o dro i dro. Y cyhuddiadau mwyaf cyffredin yn erbyn merched Ceredigion yn y cyfnod modern cynnar oedd gwerthu cwrw heb drwydded a bod yn dafotrydd. Meddai'r rheithgor:

> we present Elisabeth vch griffith mason widdow ffor a Common scold . . .

Y mae nodyn swta yn ymyl y ddalen – 'duckt'. Hynny yw, ei chario i'r afon, ei chlymu mewn cadair ar ben polyn cryf, a'i throchi yn y dŵr nes iddi hanner boddi. Dynes arall a ddioddefodd yr un gosb yr un pryd oedd Catherine William, gweddw arall. Cyhuddwyd hi o fod yn *barratrix*, gair anghyffredin sy'n golygu rhywun sy'n tynnu ar bobl i fynd i'r gyfraith o hyd.

Gwaeth o lawer oedd y cyhuddiadau a wnaed yn erbyn Millicent Lewis, gwraig Griffith Powell o Lanrhystud. Heblaw am ei bod yn *barratrix*, yr oedd yn *vixatrix* ac yn *obiurgatrix*; yr oedd hefyd yn amharu ar heddwch Duw a'r brenin trwy ledaenu enllibion ac anghytgord ymhlith ei chymdogion. Cafwyd hi'n euog, ond nid yw'n glir beth fu ei chosb.[1] Ond nid merched yn unig a gâi eu cyhuddo o'r troseddau hyn; yn 1664, cyhuddwyd David Price,

---

[1] WALES 4/884/1/9.

offeiriad Llanarth, o fod yn bryfociwr a fennai ar heddwch y brenin a'r lles cyhoeddus.[2]

Yr oedd yn dal yn bosibl yn ystod y cyfnod modern cynnar i ddynion a gyhuddwyd o droseddau difrifol bledio 'mantais glerigol', a chael eu trosglwyddo i'r llysoedd eglwysig, lle nad oedd y drefn gyfiawnder mor llym. Gallai'r llysoedd hynny roi penyd ar droseddwr, a chodi dirwy arno, ond ni allent niweidio na dienyddio. Nodais eisoes mai'r cyfan oedd ei angen i gael symud yr achos oedd bod dyn yn medru darllen, a hynny'n tarddu o'r adeg pan nad oedd neb ond gwŷr eglwysig yn medru darllen ac ysgrifennu.

Nid oedd yr esgus hwnnw'n agored i fenywod, ond yr oedd ganddynt eu hesgus eu hunain rhag cael eu dienyddio, sef 'pledio'r bol'. Os oedd merch yn feichiog ar adeg ei phrawf, ni feiddiai'r llysoedd ei dienyddio rhag ofn difa'r plentyn. Os plediai merch ei bod yn feichiog, gwysid rheithgor o fenywod priod a pharchus i'w harchwilio. Bu achos felly yn 1566. Yr oedd Efa ferch Ieuan wedi dwyn nwyddau gwerthfawr oddi ar David ap Ieuan Deio Maredudd o Landysul. Cafwyd hi'n euog, a gorchmynnodd y llys i'r siryf ei dwyn o flaen rheithgor o wragedd rhinweddol Aberteifi er mwyn ei theimlo a'i harchwilio i weld a oedd hi'n feichiog. Yr oedd barn y menywod yn bendant: 'non est pregnans', meddent. Ond ni wyddom a grogwyd Efa.[3]

Y mae'n amlwg o'r cofnodion llys fod modd gweld rhywfaint o wahaniaeth rhwng troseddau 'gwrywaidd' a rhai 'benywaidd'. Ni chefais hyd i gofnod hyd yn hyn sy'n cyhuddo merch o lofruddiaeth, heblaw am achos o faban-laddiad, sy'n drosedd a gysylltir heddiw â mamau sy'n dioddef o iselder ysbryd, ond a oedd yn drosedd y gellid crogi merch oedd yn euog ohoni yn yr ail ganrif ar bymtheg; erbyn y ddeunawfed ganrif yr oedd y llysoedd ychydig

[2] WALES 4/885/4/10. Diolch i Mrs Auronwy James am gael gweld ei chopi o'r ddogfen hon.
[3] WALES 4/883/5/39.

yn fwy trugarog. Dwyn anifeiliaid, a thorri i mewn i dai pobl oedd y troseddau gwrywaidd mwyaf cyffredin; yr oedd merched yn tueddu i ddwyn gwlân a lliain, megis Elizabeth Evan o Lansanffraid, a ddygodd barseli o liain oddi ar ei chymdoges, Elizabeth Hugh, yn 1661.

Câi hunanladdiad ei gyfrif yn drosedd hyd at ganol yr ugeinfed ganrif, a hynny er gwaethaf y ffaith nad oedd modd cosbi'r troseddwyr. Arfer y llysoedd cwest oedd datgan fod y marw yn ei iawn bwyll wrth ei ladd ei hun, fel na ellid ystyried y person yn droseddwr, a bod modd ei gladdu mewn tir cysegredig. Ond y mae'r hen agwedd yn amlwg o'r ddedfryd a basiwyd ar gorff Catherine ferch Griffith, Llangwyryfon. Mae'r ddogfen yn Saesneg, am mai dyna oedd yr arfer yn amser Cromwell, a datganodd rheithgor y cwest fod Catherine:

> upon the xixth day of June in the yeare of our Lord 1652 that now is at Llangroothon aforesaid in the said county having not god before her eyes but by the instigacion of the devill thereto instigated with a rope of the value of two pence which she then and there in her hands had and held did put about her necke and therwith hanged herself And so the said jurors upon their oathes aforesaid say that the said Katherin then and there (as a felon to the Comonwealth of this realme of England) . . . hanged her self contrary to the publicke peace.[4]

Gwaetha'r modd, nid oes modd deall pa gymhelliad a yrrodd Catherine i'w chrogi ei hun. Yr oedd merched yn dioddef dan bwysau llawer math o anhapusrwydd, ond go brin bod grŵp mwy anffodus na'r merched hynny a gyhuddid o fod yn wrachod. Yn wir, ni fu cyfnod tywyllach yn hanes y gyfraith a'r Eglwys yn Ewrop na'r canrifoedd pan fu'r ddau rym yma yn arwain ymgyrchoedd yn erbyn gwrachyddiaeth. Ar draws rhannau helaeth o Ewrop, o ganol

---

[4] WALES 4/884/8/5.

yr Oesoedd Canol hyd ddiwedd yr ail ganrif ar bymtheg, bu cyfres o erledigaethau lle y boddwyd, crogwyd ac y llosgwyd degau o filoedd o ferched, a rhai dynion, am iddynt gael eu cyhuddo o fod yn wrachod. Yr oedd y dwymyn erlid yn llawer mwy chwyrn ar gyfandir Ewrop nag ym Mhrydain, ac ym Mhrydain yr oedd y ffenomen yn amrywio o ardal i ardal. Rhwng 1559 ac 1736 cyhuddwyd 513 o bobl yn Essex a dienyddiwyd 112 ohonynt; yn Sussex ni chyhuddwyd ond dwy ar bymtheg, ac ni chrogwyd mwy nag un ohonynt. Yng Nghymru yr oedd llai o erlid nag yn Lloegr, mae'n debyg, er nad yw'r cofnodion yn llawn iawn.

Nid ofn Satan a gynhyrfai bobl yn eu hymgyrchoedd yn erbyn gwrachod; yn hytrach, roedden nhw'n ofni'r niwed y tybid y gallai gwrachod ei wneud i unigolion. Yn ôl coel gwlad yr oedd modd iddynt achosi damweiniau a salwch i bobl ac i'w hanifeiliaid fferm. Ffenomen arall oedd y dyn hysbys. Rhan o weithgarwch hwnnw oedd gwrthweithio swyngyfaredd o'r fath, trwy ddangos o ble y deuai'r drwg, a rhoi moddion i bobl i'w hamddiffyn eu hunain. Yr oedd y dynion hysbys olaf yn dal i weithredu yng Nghymru yng nghanol yr ugeinfed ganrif. Daliai pobl i'w hofni, ond ni freuddwydiai neb am eu llusgo o flaen yr ynadon.

Daw'r unig achosion o wrachyddiaeth a welais i yng nghofnodion llys sir Aberteifi o ddiwedd yr ail ganrif ar bymtheg, cyfnod pan oedd y teimlad cyffredinol yn erbyn gwrachod wedi oeri cryn dipyn. Serch hynny, y mae'n amlwg oddi wrth y ddau achos dan sylw fod yr awdurdodau'n gorfod cymryd y cyhuddiad o ddifrif.

Ar 19 Mehefin 1694, yr oedd David Lloyd, Crynfryn, yswain ac ynad heddwch, yn gwrando ar gyhuddiad a wnaed gan Erasmus Thomas, Trefilan, yn erbyn Catrin Rees, Nancwnlle. Y mae'r dystiolaeth a roddodd Erasmus Thomas yn eithriadol o ryfedd ac annelwig. Ryw bump neu chwech o flynyddoedd yn ôl, meddai, yn ystod mis Medi neu fis Hydref, yr oedd yn dod adref liw nos o gartref Thomas Griffith William, cymydog iddo a oedd wedi ei gyflogi'r diwrnod hwnnw. Pan ddaeth at le o'r enw Pen-yr-heol, meddai, cyfarfu â thair menyw; Catrin Rees oedd un ohonynt. Buon nhw'n ymrafael ag ef trwy'r nos, yn ei gario o un lle i'r llall, a phan dorrodd y wawr fe welodd ei fod gerllaw tŷ cymydog rhyw chwarter milltir o Ben-yr-heol. Pan alwodd ar y ci oedd yno, meddai Erasmus Thomas, aeth y menywod oddi wrtho, ac ni wyddai lle'r aethant. Roedd yn gleisiau i gyd. Pan welodd Catrin eto, a'i galw'n wrach, nid oedd y cyhuddiad yn mennu dim arni. Ychwanegodd fod y cymdogion yn yr ardal yn rhoi enw drwg iawn ar y ddynes, a'u bod yn mynnu y byddai anffawd yn digwydd iddynt yn sgil unrhyw anghytundeb â hi.[5]

Daeth ail dyst o flaen David Lloyd, sef John Jenkin, yntau hefyd o Nancwnlle. Dywedodd fod David Thomas, clerigwr, a fu cyn ei farw yn byw yn Ystrad Aeron, wedi cweryla â Catrin Rees ryw bedair blynedd yn ôl. Yr oedd y tyst wedi ochri gyda'r wraig yn erbyn y curad, a hwnnw wedi defnyddio iaith mor chwyrn fel yr oedd ef, John Jenkin, wedi bygwth dwyn achos yn ei erbyn. Ond yr oedd Catrin Rees wedi ei gynghori i beidio; byddai hi'n talu'r pwyth yn ôl rywfodd arall, a hynny'n fuan. Clafychodd David Thomas yn syth.

Dro arall yr oedd John Jenkin wedi mynd heibio i dŷ Catrin Rees, ac wedi gadael ei got fawr yno. Gyda'r hwyr fe ddychwelodd i nôl ei got, a chael y drws wedi ei gloi. Curodd ar y drws heb gael ateb, a gwthiodd ef yn agored. Yno yr oedd Catrin, ac wedi iddo ddweud y drefn wrthi am beidio â'i ateb, aeth oddi yno. Nid nepell i ffwrdd, fe gwympodd i'r ddaear a phoen yn ei glun er bod y tir yno'n wastad. Mynnai yntau, fel y tyst cyntaf, fod enw drwg i Catrin Rees.

Daeth trydydd tyst ymlaen wedyn, sef Richard Lloyd o Landdewibrefi, ywmon. Dair blynedd ynghynt, meddai, tua'r Nadolig, yr oedd ei ferch wedi clafychu'n sydyn:

⁵ WALES 4/886/8/15.

and at the same time was deform'd as haveing her lipp near
the ear of the one Side and the eye of the same Side nearer the
eye brow than itought . . .

Mae'n debyg iddi gael ergyd neu drawiad o ryw fath, ond ni fyddai
esboniad meddygol syml wedi plesio Richard Lloyd. Mynnai fynd
at Richard Bloom, Caerfyrddin, arbenigwr mewn materion o'r fath,
i'w holi, a rhoes hwnnw eli a diod iddo ar gyfer y ferch. Gwellodd
y ferch rywfaint, ond ni allai droi yn ei gwely heb gymorth, a
heblaw hynny, meddai Lloyd, yr oedd Bloom wedi dweud wrtho:

that a woman of his neighbourhood being of Short Stature
which usually threw Dice upon a Booke, pretending to be a
fortune-teller, and . . . that had a pyde [= pied] eye, had
occasioned that Sickness and deformity to his daughter . . .

Hynny yw, Catrin Rees oedd ar fai.

Y tyst olaf yn yr achos oedd Sarah, gwraig Richard Lloyd a mam
y ferch glaf. Ategodd hithau dystiolaeth ei gŵr, gan fynnu bod y
ferch wedi gweld Catrin Rees yn union cyn iddi gael ei pharlysu
gan y trawiad, a hithau, Sarah, newydd gael ffrae gyda'r wrach
honedig. Ni lwyddais i ddarganfod beth fu'r ddedfryd yn yr achos,
ond tybiaf i Catrin Rees gael ei rhyddhau.

Mae'r achos yn un nodweddiadol. Hawdd yw credu fod Catrin
Rees yn taflu dis er mwyn dweud ffortiwn; yr oedd yn rhaid i hen
wraig fyw rywsut. Hawdd fyddai tybio fod Erasmus Thomas wedi
meddwi'r noson honno bum mlynedd cyn hynny, pan fu'n ymrafael
â'r menywod trwy'r nos. Ond yr oedd yn adrodd yr union fath o
stori yr oedd wedi'i chlywed gan eraill, yn union fel y bydd pobl
hygoelus heddiw yn mynnu eu bod wedi cael eu herwgipio gan
greaduriaid o'r gofod.

Dyna fu tynged yr unig ferch arall i gael ei chyhuddo o fod yn
wrach, sef Catrin Huw, gwraig John Hugh y crythor. Mae'r cyd-
ddigwyddiadau sy'n cysylltu'r ddau achos yn rhyfedd; Catrin oedd

enw cyntaf y ddwy, yr oeddynt ill dwy o Nancwnlle, a chyhudd-wyd y ddwy o fewn blwyddyn i'w gilydd. Y gwahaniaeth mwyaf diddorol yw bod Catrin Huw yn wraig briod, ond gan fod ei gŵr yn grythor, yn gerddor crwydrol, rhaid bod y cwpl yn byw ar gyrion y gymdeithas leol, a hithau felly'n agored i falais anwybodus ei chymdogion. Yn anffodus, yn ei hachos hi nid yw datganiadau'r tystion wedi goroesi. Y cyfan sydd gennym yw'r ddogfen Ladin sy'n gosod y cyhuddiad.

Y cyhuddiad yn erbyn Catrin Huw oedd ei bod yn *fascinatrix et incantatrix*, a'i bod trwy'r pwerau hynny wedi defnyddio caneuon swyngyfareddol i wneud pethau drwg i Gwenllïan Thomas, plwyf Llanddewibrefi. Y canlyniad oedd, meddai'r cyhuddiad, fod Gwenllïan wedi nychu'n gorfforol, a'i bod yn dioddef o'r ddarfod-edigaeth.

Gan nad yw tystiolaeth y ddwy Catrin wedi goroesi, ni wn beth a ddywedasant i'w hamddiffyn eu hunain. Rhaid eu bod wedi gwadu'r cyhuddiad, ond ni fyddai'n syndod petai rhai o'r merched hyn wedi credu bod ganddynt bwerau neilltuol a rhyfedd. Wrth edrych ar y gwrachod tybiedig, ac ar y merched a gafwyd yn euog o ddefn-yddio'u tafodau i enllibio a digio'u cymdogion, yr ydym yn edrych ar rai o'r bobl leiaf breintiedig yn y gymdeithas. Yr oedd bywyd yn anodd iawn i hen wraig yn byw ar ei phen ei hun, neu gyda dyn oedd yn agored i gyhuddiadau o fod yn baraseit; o ba le y deuai eu cynhaliaeth? Pa ddylanwad oedd ganddynt mewn byd a reolid gan ddynion? Ac nid oedd yn hawdd i ferched egnïol, llawn ysbryd, ond gwannach o ran cyhyrau corff na mwyafrif y dynion o'u cwmpas, blygu i'r drefn. Beth fyddai'n fwy naturiol na defnyddio'r unig arf oedd ganddynt i felltithio, i wawdio ac i enllibio'r rhai a safai yn eu herbyn?

Er gwaethaf tristwch yr achosion hyn, y mae tystiolaeth y cofnodion cyfreithiol yn werthfawr i unrhyw un sy'n ymddiddori yn nhynged merched cefn gwlad Ceredigion. Y mae modd eu gweld fel erlynwyr, fel troseddwyr, fel tystion ac fel rhai oedd yn dioddef. O flaen y llys daeth merched a oedd yn gweithio ym myd amaethyddiaeth, yn nyddu gwlân, yn rhoi genedigaeth i blant anghyfreithlon, yn dioddef trais a llofruddiaeth, yn cynnal tafarndai. Carcharwyd hwy, chwipiwyd hwy, a thebyg iawn iddynt gael eu crogi, ond ni welais achos felly hyd yn hyn. Serch hynny, y mae'n sicr bod merched y cyfnod modern cynnar, fel heddiw, yn llawer llai parod na dynion i dorri'r gyfraith.

PENNOD 12

TYNGED PLANT SIAWNS

Er mai dyn drwg y ddrama *King Lear* yw Edmund, hwyrach y dylem gydymdeimlo ag ef pan darana yn erbyn yr anghyfiawnder sy'n gormesu plant siawns, a hwythau'n ddieuog o unrhyw drosedd. Tynged plant siawns cyfnod Shakespeare, ac am ganrifoedd wedyn, oedd derbyn briwsion o fyrddau eu hanner brodyr a chwiorydd. Tybed nad oedd cyfraith Hywel Dda yn fwy trugarog na'r gyfundrefn Seisnig a'i disodlodd? Mae'n wir bod priodas yng Nghymru'r Oesoedd Canol yn llai ffurfiol, ac yn sicr yr oedd ysgaru'n eithaf hawdd. Er eu bod yn briod, yr oedd y tywysogion Cymreig yn hau eu had yn hael ar hyd y wlad; yr oedd Owain Gwynedd, Bleddyn ap Cynfyn a'r Arglwydd Rhys yn dadau i liaws o'u pobl, ac yn cydnabod eu plant. Ond câi meibion y wraig briod y flaenoriaeth ar feibion gordderch hyd yn oed cyn i Llywelyn Fawr fynnu rhoi etifeddiaeth Gwynedd i Dafydd, ei fab iau o'i wraig Siwan, o flaen Gruffudd y cyntaf-anedig, y mab gordderch. Yn yr un modd ffafriodd yr Arglwydd Rhys ei fab cyfreithlon Gruffydd o flaen y mab gordderch, Maelgwn.[1]

Yng Ngheredigion yn oes y Tuduriaid a'r Stiwartiaid, yr oedd dynion blaenllaw'r fro yn amrywio'n fawr yn eu hawydd i genhedlu plant siawns a'u parodrwydd i'w cydnabod. Yn ôl cyfraith Hywel, yr oedd llw merch ddibriod yn ddigon i dadogi ei phlentyn ar ddyn,

---

[1] Daw llawer o'r wybodaeth achyddol o achau Alcwyn Evans yn Llsgrau. Ll.G.C. 12359-60; defnyddiwyd ewyllysiau'r cyfnod hefyd.

ond wedi diflaniad yr hen drefn Gymreig yr oedd y sefyllfa'n bur wahanol. Yr oedd rhai dynion yn ddigon agored a digywilydd. Ystyriwn, er enghraifft, David Lloyd, Llanfechan, yng ngwaelod Ceredigion. Yr oedd yn ustus heddwch sir Aberteifi yn 1600, ac yn briod ag Elen, wyres Syr James Williams. Ond ni rwystrodd hynny David Lloyd rhag epilio ar led; cenhedlodd wyth o blant siawns o chwech o fenywod gwahanol. A chan fod yr wyth plentyn hynny wedi cyrraedd oed priodi, tybed a oedd ganddo ragor ohonyn nhw a'r rheiny wedi marw'n rhy ifanc i gael sylw yn yr achau?

Cystadleuydd a chyfoeswr i David Lloyd oedd Jenkin ap Thomas, Dyffryn Llynod. Trwy ei wraig yr oedd yn dad i bedwar o blant, ond cenhedlodd bump arall o bump o ferched. Yr oedd Jenkin Lloyd, Llanfair Clydogau, yn ddyn arall o statws yn y fro, yn uchel siryf Ceredigion yn 1571 ac 1591. Yr oedd ei wraig yn fam i naw o blant, ond hyd yn oed wedyn bu'r hen Adda yn codi ynddo, oherwydd cenhedlodd ddwy o ferched o ddwy fenyw wahanol.

Yr oedd yr holl achosion hyn yn ddynion oedd eisoes wedi planta, ac felly nid oedd diffyg etifedd yn broblem iddynt. Weithiau byddai gan ddyn ryw lun o esgus. Yr oedd Rhys ap Dafydd ap Jenkin yn un o wŷr blaenllaw sir Aberteifi yn oes Elisabeth I. Yr oedd yn ustus heddwch, a bu'n uchel siryf yn 1573, ac yr oedd ei stad, Aberpyllau yn nyffryn Ystwyth, yn werth £150 y flwyddyn. Yr oedd Rhys ap Dafydd yn briod â merch a oedd ei hun yn blentyn gordderch, ond yr oedd y briodas yn ddi-blant. Nid bai Rhys ap Dafydd oedd hynny, gan iddo sicrhau disgynyddion trwy genhedlu un mab a thair merch o dair benyw wahanol. Cymynnodd ei stad i'r bachgen, ond bu hwnnw farw'n ddi-blant yn ei dro, a bu'r cweryla a'r cyfreitha a ddilynodd yn ddigon i ddinistrio'r stad. Heddiw nid oes golwg o'r plas ar y safle, sef fferm Pyllu Isaf, nid nepell o'r Gors, ym mhlwyf Llanfihangel-y-Creuddyn.

Nid Rhys ap Dafydd oedd yr unig ŵr bonheddig o Gardi i geisio etifedd y tu allan i'r gwely priodasol. Yng nghanol yr ail ganrif ar bymtheg yr oedd teulu Llwydiaid Maesyfelin, Llanbedr Pont Steffan, yn un o'r cyfoethocaf yn y sir. Yr oedd Syr Marmaduke Lloyd wedi gwneud ei ffortiwn fel cyfreithiwr a barnwr, ac roedd yn dad i dri mab a chwech o ferched. Ei etifedd oedd Francis Lloyd, a fu'n aelod seneddol Caerfyrddin hyd 1643, ac yn un o ffefrynnau Siarl II wedi'r Adferiad yn 1660. Priododd Francis yn fanteisiol iawn; ei wraig oedd y Fonesig Mary Vaughan, merch Iarll Carbery o'r Gelli Aur. Ond nid bu plant o'r briodas, a thuedd yr oes oedd rhoi'r cyfrifoldeb am y methiant ar y wraig. Trodd Francis Lloyd at Bridget Leigh, merch o Gaerfyrddin. A'r fonesig Mary yn dal yn fyw, esgorodd Bridget ar ddau fab, Lucius (a aned yn 1648) a Charles (a aned yn 1662).[2] Wedi i'w wraig anffodus farw, priodwyd Francis Lloyd a Bridget, ond nid oedd hynny'n ddigon i gyfreithloni'r ddau fab. Diau y buasai'n dlawd ar y ddau fachgen pe ganesid mab o'r briodas, gan y byddai hwnnw'n etifedd ei dad, ond merch a aned, a rhannodd Sir Francis ei gyfoeth rhwng y tri phlentyn. Rhyfedd fu tynged y ddau fab. Lladdodd Lucius Lloyd ei hun yn ugain oed, ond etifeddodd Charles Faesyfelin, urddwyd ef yn farchog gan William III ac yn farwnig gan y frenhines Anne, a bu farw'n hen ŵr parchus yn Ionawr 1750. A Syr Charles yn ddi-blant, trwy fargen fe aeth ei stad i'w ffrind John Lloyd, Llanfair Clydogau, a'i huno â Ffynnon Bedr.

Y mae sawl enghraifft yn achau ac ewyllysiau Ceredigion o ddynion megis Syr Francis Lloyd yn priodi â merch a oedd eisoes wedi geni plentyn iddo. Dyn mwyaf blaenllaw'r sir yn niwedd oes Elisabeth I oedd Syr Richard Pryse, Gogerddan, uchel siryf Ceredigion yn 1585 a 1604. Daliai'r un swydd yn sir Feirionnydd yn 1584. Priododd â Gwen Pryse o Aberbechan, sir Drefaldwyn, wedi iddi eni mab (William) iddo. Hwyrach bod Syr Richard yn

---

[2] Mae'r bwlch rhwng y genedigaethau'n ddiddorol. A fu bwlch yn y berthynas rywiol, neu a oedd y ddau gariad yn defnyddio dulliau atal cenhedlu yn ôl dulliau'r oes?

awyddus i brofi ffrwythlondeb y ferch cyn bodloni i'w phriodi, ond beth bynnag, ganed deg plentyn cyfreithlon iddynt.

Nid oedd gwŷr yr Eglwys i fod i odinebu, ond yr oedd rhai ohonynt yn profi gwendidau'r cnawd yn yr un modd â'u brodyr lleyg. Yr oedd yr enw David yn dra chyffredin ymhlith y Llwydiaid, a bu un David ap David Lloyd (ŵyr Thomas Lloyd, Castellhywel) yn ficer Llandysul am gyfnod yn yr ail ganrif ar bymtheg. Nid oes sôn amdano'n priodi, ond bu'n dad i dri o blant gordderch. Yn wir, plant siawns yn unig fu yn y genhedlaeth nesaf o'i gangen ef o'r teulu; yr oedd dau frawd gan David Lloyd, un fu farw heb briodi, a chenhedlodd y llall fab siawns a lysenwyd yn 'Pwt o Galon'. Offeiriad arall a genhedlodd blentyn siawns oedd John Hughes, Trefilan; yr oedd y creadur hwn yn rhy dlawd i briodi, fel y gwelir o'i ewyllys a ddyfynnir uchod ar dudalen 59.

Un arall o lwyth y Llwydiaid a epiliodd y tu allan i briodas oedd David Lloyd, Aber-mad, ger Llanilar. Pan fu farw yn 1631, cydnabu dri phlentyn, gan adael fferm Tyddyn Penrhiw-hir i Brochwel, deng mamog a'u hŵyn i Ieuan, a'r un peth i Elizabeth. Bu Brochwel fyw'n hir; arwyddodd ewyllys Griffith Jones, Llanrhystud, yn 1678.[3] Ond aeth y stad i James Lewis, ŵyr David Lloyd trwy ei ferch gyfreithlon, oedd wedi marw cyn ei thad. Nid oedd pall ar blant siawns y Llwydiaid; yn 1662 gadawodd Oliver Lloyd, sgwïer Ffosybleiddiaid, siwt o ddillad yn flynyddol i'w fab gordderch, David Lloyd.

Os oedd cefndir teuluol plentyn siawns yn freintiedig a'i dad yn eangfrydig, ni fyddai ei statws yn rhwystr iddo rhag dod ymlaen yn y byd. Ychydig iawn o blant siawns sydd yn ach teulu Gogerddan, ond yn y bymthegfed ganrif yr oedd Rhys ap Dafydd Llwyd yn ddigon parod i briodi Elen ferch Morgan ap Llywelyn, sef abad Ystrad-fflur. Nid oedd statws plentyn gordderch yn rhwystro'r

---

[3] Rwy'n dyfalu mai ei fab oedd y David Brochwell, Llanbadarn Fawr, fu farw yn 1694 yn dwyn y teitl 'gentleman'.

mwyafrif helaeth ohonynt rhag priodi, ond gan amlaf ni chaent yr un cyfle â'u brodyr a'u chwiorydd i briodi'n gyfoethog.

Ar y llaw arall, gallai fod yn fanteisiol i briodi plentyn siawns os oedd tad hwnnw neu honno'n barod i noddi'r briodas. Er enghraifft, yr oedd y Parchedig Thomas Griffiths yn fab ficer Llanllwchaiarn (Ceinewydd) ac yn adnabod y Gwir Barchedig Theophilus Field, esgob Tyddewi o 1627 hyd 1635. Yr oedd gan yr esgob frawd o'r enw Thomas, a hwnnw wedi cenhedlu merch siawns. Rhoddwyd lle i honno weithio fel morwyn ym mhlas yr esgob, ei hewythr, ac yr oedd Thomas Griffiths yn barod i'w phriodi, yn bennaf, mae'n siŵr, oherwydd i'r esgob roi ficeriaeth Llangeler i'r ferch yn waddol ar gyfer ei gŵr! Gan amlaf, fodd bynnag, tlodi fyddai tynged y plentyn gordderch. Yr oedd gan William Herbert, sgwïer Hafod Uchdryd, fab y tu allan i briodas, sef Edward William, a merch, Jane, gan ei wraig. Pan fu William farw yn 1704, pumpunt y flwyddyn oedd etifeddiaeth y mab, ac aeth Hafod Uchdryd i ŵr Jane, sef Thomas Johnes, Llanfair Clydogau.

Awgryma'r hanesion hyn fod y tadau, er eu bod weithiau'n grintachlyd iawn, yn barod i gydnabod eu plant siawns, ond dengys hanes o ardal Pen-boyr, sir Gaerfyrddin, nad felly y byddai bob amser. Yr oedd Morus ap Dafydd Llwyd ap Dafydd o Gryngae (Pen-boyr) yn dad i Dafydd Morus, a hwnnw'n briod â Sage Parry, oedd yn etifeddes. Yr oedd mab i'r briodas, Morus Dafydd Morus, ond yr oedd y tad, am ryw reswm (a oedd yn amau ffyddlondeb ei wraig?), yn gwrthod ei gydnabod. Yn ei gofid, sicrhaodd Sage fod ei stad hithau yn mynd i'r bachgen cyn iddi farw. Ailbriododd Dafydd Morus a chenhedlu chwech o ferched, a sylwodd pobl mor hynod o debyg oedd Morus, y mab a wrthodwyd, i'r merched hyn. Yn ei siom, ac yn niffyg etifedd, gwerthodd Dafydd Morus stad y Cryngae cyn marw yn 1642.

Gallai haelioni i blant siawns cael ei estyn i aelodau eraill y teulu. Pan fu farw Morgan ap Morgan Herbert, Gwnnws, yn 1643, gadawodd anner a phedair dafad i'w fab gordderch Morgan, ac i Evan, mab gordderch ei dad William Herbert (ac felly'n hanner brawd iddo), gadawodd anner a deuddeg dafad. Yn 1649 bu farw un arall o'r llwyth, Morgan Herbert, Hafod Uchdryd, a gadawodd ef denantiaeth Prignant i David William, plentyn arall i William Herbert. Dyn arall o Gwmystwyth oedd Hugh Morgan ap Rees, a drigai ym Mriwnant. Bu farw yn 1658, yn ŵr gweddw oedd yn dad i bump o ferched. Yr oedd un ohonynt heb briodi, tair wedi priodi, ac un wedi marw, gan adael ar ei hôl 'my reputed grandchild John Richard the reputed son of Richard Pugh'; cafodd y bachgen yr un gyfran o'r eiddo â'r wyrion cyfreithlon.

Ni allwn ddibynnu ar yr achau i enwi holl blant siawns gŵr bonheddig y cyfnod hwn. Yr wyf eisoes wedi adrodd hanes Morgan Philip Howell (m.1622), un o Boweliaid Llechwedd Dyrus, a'i ddwy ferch siawns, yn *Cyfoeth y Cardi*. Nid oes sôn am y ddwy ferch yn achau'r teulu, ac oni bai am yr ewyllys, ni fyddem yn gwybod dim oll amdanynt. Digon tebyg fu tynged plant siawns John Vaughan, Trawsgoed, ail is-iarll Lisburne (a fu farw yn 1741); oni bai am y ddwy ewyllys a wnaeth, ni fyddai sôn am ei blant siawns. Y mae achos Edward Vaughan, plentyn Dorothy, gwraig John Vaughan, yn fwy cymhleth, a cheir crynodeb o'r holl hanes lliwgar ym mhennod deuddeg.

Ar lefel gymdeithasol is, ewyllysiau yw'r unig dystiolaeth sydd gennym ar gyfer plant siawns Ceredigion yr ail ganrif ar bymtheg, ond nid ydynt yn niferus. Yn 1601 bu farw Morgan William Morgan o Lanbadarn Fawr. Gadawodd ei nwyddau i gyd i'w ferch siawns, Catrin, ond nid yw hynny'n syndod, gan nad oedd ganddo na gwraig na phlant cyfreithlon. Ffermwr cyffredin oedd Morgan; yr oedd Edward Morgan David Lloyd, Glasgrug, Llanbadarn Fawr, yn ddyn pwysicach. Bu ei wraig farw cyn iddo wneud ei ewyllys yn 1605, ond yr oedd ganddo ferch, a hi oedd yr etifeddes. Dim ond mesur o ŷd a adawodd i'w fab siawns, ac nis enwodd yn yr ewyllys.

Nid oedd pob un yn barod i arddel plentyn siawns, hyd yn oed ar wely angau. Gwnaeth David Lloyd ap Harri o Lanfihangel-y-Creuddyn ei ewyllys yn 1607. Ei etifedd oedd Richard David Lloyd, ac nid enwir yr un plentyn arall, ond rhoddwyd heffer i ryw Thomas David Lloyd, a gallwn fod yn siŵr fod hwnnw'n blentyn siawns i'r cymynnwr. O fewn dwy flynedd yr oedd Richard yr etifedd ar ei wely angau, a chofiodd hwnnw am 'Richard David Lloyd my base brother', nad oedd David Lloyd wedi gadael dim iddo. Eto, ni ddylem fod yn feirniadol; y mae'n bosibl i David Lloyd roi peth cynhaliaeth eisoes i'r meibion siawns, Thomas a Richard.

Gwelsom eisoes na chaniatâi'r gyfraith i blant newid eu statws er i'w rhieni briodi wedi'r enedigaeth. Dyna fu tynged unig fab John Thomas Llewelyn o blwyf Caron (bu farw yn 1609), ac mae ei ewyllys yn gyfreithiol gignoeth wrth enwi ei unig blentyn:

Thomas John (my reputed sonne whoe was begotten on the bodye of Margarett vch Ievan, now my married wief) . . .

Derbyniodd Thomas John chwe buwch a chwe dafad, ond bu'n rhaid i'w dad adael ei dir i John Stedman, Ystrad-fflur, gan na fedrai dalu ei forgais.

Disgwylid i ffermwr wahaniaethu rhwng ei blant cyfreithlon a'i blant siawns. Pan fu farw Richard ap Evan Gwyn o Lanychaearn yn 1610, gadawodd ddeg dafad a phum oen i'w fab gordderch, Watkin, a'r gweddill i'w wraig feichiog a'i ferched, Elizabeth ac Elen. Ond torrodd Lewis David ap Ieuan Lloyd o Lanfihangel Genau'r-glyn y confensiynau i gyd; yn 1612 rhannodd y rhan fwyaf o'i eiddo rhwng ei blant siawns (chwech ohonynt trwy'r un ordderchwraig), gan adael chwe dafad i'w fab cyfreithlon a dwy famog a'u hŵyn i'w ferch gyfreithlon. Un o'i feibion gordderch a benodwyd yn sgutor yr ewyllys, ac nid y mab cyfreithlon.

Yn 1621 bu farw Thomas John Lewis o Lanbadarn Fawr, a

ddisgrifir fel gŵr bonheddig er nad oedd ganddo lawer o gyfoeth, peth digon cyffredin yng Nghymru yr adeg honno. Nid oedd yn briod, ond cyn marw gwelodd enedigaeth ei unig blentyn, Richard mab Mary Morris. Rhoes gyfrifoldeb am y plentyn i'w frawd, Morgan John Lewis, a'i frawd-yng-nghyfraith, Rees David Thomas. Gwyddom mai baban oedd Richard, oherwydd dywed ei dad yn yr ewyllys:

> I doe giue towards the maintenaunce of Richard the sonne of Mary Moris my base sonne . . . two teales of Corne and the melch of a cowe for his nursinge this next sommer and a stone of cheese.

Rhoes hefyd ddecpunt 'to my said sonnes use untill he come to full age'.

Ymddengys y byddai llawer o wragedd yn dygymod â bodolaeth plant siawns eu gwŷr oherwydd, er na wyddom ddim am eu teimladau, yr oedd rhai dynion yn ddigon parod i ymddiried eu plant siawns i ofal eu gweddwon. Er enghraifft, yn 1630, pan fu farw Morgan Lewis, Llanbadarn Odyn, rhoes ei ferch siawns, Margaret, dan ofal ei wraig, Margaret John, a sicrhau incwm darn o'i dir at gynhaliaeth y plentyn nes iddi gyrraedd ei un ar hugain oed.

Bu ffrae yn dilyn ewyllys Rees Thomas o blwyf Gwnnws, a fu farw yn 1614. Gadawsai chwech o wartheg i'w unig blentyn, mab siawns o'r enw Thomas Rees, a gweddill ei eiddo rhwng ei gyfneseifiaid, sef aelodau eraill ei deulu, ond mynnodd y dyn claf mai Thomas Rees fyddai unig sgutor yr ewyllys, er bod ganddo wraig a chwaer a enwir yn yr ewyllys, a brodyr hefyd. Aeth rhywun i brotestio i'r awdurdodau eglwysig yn erbyn yr ewyllys, a bu ymchwiliad. Nid oedd perthnasau Rees Thomas yn fodlon ei fod wedi enwi ei fab siawns yn sgutor. Nid oedd neb yn siŵr pwy oedd y cyfneseifiaid; ai'r wraig, y chwaer a'r brodyr yn unig, neu a oedd

Thomas Rees hefyd yn un ohonynt? Mynnai un o'r tystion fod plant siawns eraill gan Rees Thomas, rhai nad oedd wedi eu henwi. Ni wyddom beth fu canlyniad y brotest.

Amrywiol, felly, oedd tynged plant siawns, hyd y mae modd barnu wrth y dystiolaeth fratiog sy gennym. Trwy lwc, gwyddom beth a ddigwyddodd i ambell un. Yn 1742 ganed plentyn i ferch yn nhref Aberteifi. Ni wyddom eu henwau, ond enw'r tad oedd Morgan Popkins. Yn 1744, wedi i'r bachgen gael ei ddiddyfnu, mae'n debyg, rhoddwyd ef i Rosser Morgan a David Thomas, ywmyn, o Langyfelach ym Morgannwg, nes y cyrhaeddai ei 24 oed, a thalwyd £40 iddynt. Rhaid bod stori gymhleth y tu ôl i'r ddogfen fechan sy'n cofnodi'r fargen hon.[4]

Er i fwyafrif plant siawns sir Aberteifi fyw'n ddistadl a marw heb glod na thrysor i'w henwau, yr oedd dau o Gardis enwocaf yr ail ganrif ar bymtheg yn blant siawns. Y cyntaf oedd Thomas Jones Porthyffynnon, sef Twm Siôn Cati (bu farw yn 1609). Yr oedd ei fam yn blentyn siawns o ogledd Cymru, un o dylwyth Wyniaid Gwydir, ac yn ei dro cafodd Twm Siôn Cati ei hun blentyn siawns, er ei fod yn briod. Enw'r plentyn, yn ôl ei ewyllys, oedd John Maythe, gan mai dyna oedd cyfenw tad Twm Siôn ei hun, a adawsai stad fechan Porthyffynnon iddo. Ond y cyfan a gafodd John Maythe gan ei dad oedd chwech o wartheg, ugain dafad a gwely plu. Y weddw, Johan, a dderbyniodd y gweddill.

Yr enwocaf oll o blant gordderch Ceredigion (a Chymru gyfan) yn ddiau yw Edward Lhuyd (1660-1709). Y mae ef yn eithriadol oherwydd bod ei ddau riant o dras fonheddig. Bridget Pryse oedd ei fam, merch i Thomas Pryse Glan-frêd, Llanfihangel Genau'r-glyn, ac roedd yn perthyn yn agos i deulu Gogerddan. Edward Lhuyd oedd ei hunig blentyn, a'i dad oedd Edward Lloyd, sgwïer Llanforda ger Croesoswallt. Torrwyd y safon ddwbl, a ddisgwyliai

[4] NLW Deed 1749.

i ferched aros yn ddiwair cyn priodi tra goddefid anturiaethau rhywiol y meibion, yn llwyr yn achos Bridget Pryse, a thalodd hithau'r pris, fwy na thebyg, oherwydd ni phriododd byth. Aeth oddi cartref i Loppington i esgor ar ei phlentyn, ond roedd Edward Lloyd yn barod i'w arddel a sicrhau iddo'r addysg a'i gwnaeth yn un o wyddonwyr ac ieithegwyr mwyaf ei gyfnod.

Ymdrechais i amlinellu tynged plant siawns fel y mynegwyd hi yn achau ac ewyllysiau Ceredigion yn ystod y cyfnod modern cynnar. Nodais achosion o blant teuluoedd cyfoethog ac o deuluoedd llai breiniol; ond eithriadau ydynt, yn yr ystyr bod modd i ni wybod rhywfaint amdanynt. Gan amlaf, yr unig le i gael cofnod o fodolaeth plant siawns y werin gyffredin yw yng nghofrestri'r eglwysi a llyfrau'r festri. Dilynais hanes rhai ohonynt o ardal Llanbedr Pont Steffan yn *Cyfoeth y Cardi*. Caled oedd eu byd yn wir; caent hwy a'u mamau symud o blwyf i blwyf a byddai'r tadau naill ai'n talu tuag atynt yn anfodlon, neu'n dianc o'r fro heb adael cyfeiriad. Y dynged orau a gaent oedd cael eu prentisio i grefftwyr, ond y mae'n bur debyg i lawer ohonynt farw'n ifanc o esgeulustod a chreulondeb.

PENNOD 13

HELYNTION PRIODAS JANE LLOYD

Yr oedd yn rhaid bod yn wyliadwrus iawn wrth briodi cyn 1857, blwyddyn pasio'r Ddeddf Ysgariad, oherwydd unwaith yn briod, priod am byth; dyna oedd egwyddor priodas. Cyn y ddeddf honno, ni ellid ysgaru ond trwy ddeddf seneddol, proses eithriadol o ddrud nad oedd yn agored ond i ddyrnaid o bobl gyfoethog iawn. Cyn Deddf Priodas 1763 yr oedd yr un mor anodd cael ysgariad, ond yr oedd yn hawdd iawn priodi, yn rhy hawdd o lawer, a byddai pob math o dwyll a hoced yn digwydd. Er enghraifft, bu achosion lle'r oedd merch wedi gosod ei chalon ar ddyn ifanc dibriod, ac yn perswadio cyfeilles i wisgo fel dyn a chynrychioli'r dyn ifanc hwnnw o flaen offeiriad llwgr neu wirion, gan fynd trwy seremoni briodi ffug. Gallai fod yn anodd iawn i'r dyn ifanc ddianc o afael y ferch wedyn, oherwydd er na fuasai yn bresennol yn y seremoni, ac er nad ewyllysiai briodi, yr oedd yn briod! Ar yr ochr arall, herwgipid etifeddesau a'u gorfodi i fynd trwy seremoni briodas – o flaen offeiriaid llwgr, er mwyn i'r priodfab feddiannu'r etifeddiaeth. Yr oedd bywyd etifeddes yn gaeth; yn aml ni fedrai ddewis o'i gwirfodd pa gynnig i'w dderbyn, oherwydd yr oedd disgwyl iddi blesio'i thad yn gyntaf oll. Yn y stori sy'n dilyn gellir gweld canlyniadau trychinebus pan ddilynodd merch ei dymuniad ei hun yn erbyn ewyllys ei thad ac yn groes i ddisgwyliadau cymdeithas.

Tŷ sylweddol yn nyffryn Aeron ac yng nghysgod hen hufenfa Felin-fach yw Green-grove. Yng nghanol yr ail ganrif ar bymtheg yr oedd yn eiddo teulu pwysicaf y fro, sef Llwydiaid Llanllŷr, teulu amlganghennog a oedd yn berchen tiroedd helaeth yng Ngheredigion. Glasgelli oedd enw'r lle yn wreiddiol, ond pan brynodd Morgan Lloyd y lle gan ei gyfyrder, Syr Francis Lloyd, Maesyfelin, rywdro wedi 1665, cyfieithodd yr enw Cymraeg i'r Saesneg Green-grove. Er nad oedd gan Green-grove diroedd eang, roedd Morgan Lloyd yn ddyn o bwys yng Ngheredigion; yr oedd yn berchen ar ugain neu fwy o ffermydd, y mwyafrif ohonynt yn nyffryn Aeron, a phrynodd ragor cyn ei farw. Yr oedd yn ustus heddwch, ac yn siryf sir Aberteifi yn 1676.[1]

Un plentyn yn unig, Jane, oedd gan Morgan Lloyd. Fe'i ganed yn 1657, a chan ei bod yn etifeddes, gellid tybio y byddai'n priodi'n ifanc, ond erbyn 1681 yr oedd yn dal yn ddibriod. Yr oedd ei thad eisoes wedi sicrhau tir a chartref Green-grove iddo'i hun trwy ei gysylltiad â theulu Maesyfelin. Yno hefyd y daeth Morgan Lloyd o hyd i ddyn ifanc yr ystyriai y byddai'n ŵr addas i Jane; Charles Lloyd oedd ei enw, mab y diweddar Syr Francis Lloyd, Maesyfelin, a chyfyrder i Jane. Nid oes modd dilyn cymhlethdodau'r stori heb ddeall pwy yn union oedd Charles a pha broblemau oedd ganddo. Yr oedd bum mlynedd yn iau na Jane Lloyd, ac yn blentyn siawns; ond er gwaethaf anfantais ei statws, ef oedd etifedd Maesyfelin, ger Llanbedr Pont Steffan.

Byr fu gogoniant Maesyfelin fel plas a chanolfan stad, ond tra bu, yr oedd yn un o blasau mwyaf Ceredigion, a'r penteulu'n un o

---

[1] Gwaith ymchwil Mrs Auronwy James, Penrhyn-coch, yw sail y bennod hon, ac yr wyf yn ddiolchgar iddi am adael imi ddefnyddio'i gwaith manwl a thrwyadl i lunio fersiwn o'r hanes hwn. Fi sy'n gyfrifol am unrhyw wallau. Prif seiliau dogfennol ymchwil Mrs James yw papurau Llys y Sesiwn Fawr, sir Aberteifi, ewyllysiau yn y Llyfrgell Genedlaethol a'r Swyddfa Cofnodion Cyhoeddus yn Llundain (lle ceir hefyd gofnodion y Dreth Aelwydydd), adysgrifau Francis Green, papurau stad Ffynnon Bedr, cofrestri plwyf ac adysgrifau esgobol, a chyfrol L. E. Lloyd Theakston a John Davies, *Lloyd Family Records and Pedigrees* (Rhydychen, 1912); nid yw'r rhestr foel hon yn cyfleu manylder y gwaith ymchwil.

wŷr blaenllaw'r fro. Lle'r oedd gan Green-grove dri lle tân, yr oedd tri ar ddeg ym Maesyfelin. Yng Ngheredigion ni ragorai unrhyw blas arno ond Gogerddan, oedd ag un ar bymtheg o aelwydydd; nid oedd mwy nag wyth yn Nhrawsgoed. Yr oedd moethau gorau'r cyfnod ar gael yno. Sylfaenydd Maesyfelin a'i stad oedd Syr Marmaduke Lloyd, mab un o Lwydiaid Llanllŷr; codasai yn y byd trwy gael addysg yn y gyfraith a dilyn gyrfa lwyddiannus fel cyfreithiwr a barnwr. Yr oedd yn aelod o Gyngor Cymru a'r Gororau a arferai gyfarfod yn Llwydlo, ac o'r herwydd roedd gan Syr Marmaduke dŷ yno hefyd; yr oedd cyfarfodydd y Cyngor yn gyfle i aristocratiaid a boneddigion blaenllaw Cymru, a'u teuluoedd, gyd-gymdeithasu. Yr oedd Syr Marmaduke yn frenhinwr pybyr, a bu'n rhaid iddo ddioddef cyfnod yn garcharor rhyfel a thalu'n ddrud i'r Werinlywodraeth pan drechwyd Siarl I yn y Rhyfel Cartref; bu farw yn 1651. Yn cyd-ddioddef ag ef ar law'r awdurdodau Seneddol bu ei fab Francis, aelod seneddol dros Gaerfyrddin yn 1641 a swyddog ym myddin Siarl I; urddwyd ef yn farchog gan y brenin yn 1644.

Yr oedd Syr Francis Lloyd wedi priodi'n fanteisiol iawn; ei wraig oedd Mary, merch John Vaughan, iarll Carbery, un o ddynion mwyaf blaenllaw sir Gâr. Ond ni fedrai Mary eni plant, a throdd Francis at ordderch, sef Bridget Leigh o dref Caerfyrddin, a ganwyd tri phlentyn iddynt, Lucius, Frances a Charles. Ymddengys mai magwraeth ar wahân a gawsant; yn blant ifanc, yr oedd Lucius a Frances yn byw yng Nghaerwrangon, a Charles yn Rhydychen.

Erbyn 1667 yr oedd Syr Francis yn ddyn sâl, ac mewn cyfyng-gyngor paratôdd ei ewyllys. Yr oedd yn rhaid iddo gofio am Mary ei wraig, a gadawodd stad Maesyfelin iddi am weddill ei hoes. Ond yr oedd yn awyddus i'w blant ef a Bridget gael eu trin yn deg, a dymunai i Lucius etifeddu'r stad, er ei fod yn blentyn siawns. Ymhlith amodau ei ewyllys, rhoes diroedd i Bridget ar yr amod ei bod yn cadw'i haddewid na fyddai'n priodi wedi iddo ef farw, a thra byddai ei phlant yn fyw. Penododd Francis warcheidwaid i sicrhau bod y plant yn cael chwarae teg, a gwarantodd diroedd i Charles yr ail fab ac arian i'w ferch Frances. Un o'r gwarcheidwaid oedd Morgan Lloyd, Green-grove, cyfyrder Syr Francis.

Gallwn ddychmygu sefyllfa Morgan Lloyd, felly, wedi marwolaeth Marmaduke ei gefnder ym Maesyfelin yn 1667. Yr oedd Jane, erbyn hyn, yn ddeg oed, ac yntau'n un o warcheidwaid Lucius a Charles Lloyd. Mantais bod yn warcheidwad, yn enwedig ar etifedd neu etifeddes, oedd y dylanwad a darddai o'r statws; yn yr achos yma, yr oedd o fewn gallu Morgan Lloyd i drefnu priodasau'r bechgyn. Lucius oedd yr etifedd, ond ni wn a drefnwyd dyweddïad rhyngddo a Jane, oherwydd bu Lucius farw yn 1669, gan adael Charles yn unig etifedd Maesyfelin. Er ei fod bum mlynedd yn iau na Jane, roedd y rhagolygon mor addawol fel yr ymddangosai'n naturiol i Morgan Lloyd a'i ferch aros nes ei fod yn ddigon hen i briodi; diau fod y ddau gâr yn adnabod ei gilydd, er bod y bwlch oedran rhyngddynt yn sylweddol yn ystod eu llencyndod. Nid yw'n anodd dychmygu teimladau cymysg merch bedair ar bymtheg oed, a hithau'n deall mai bachgen pedair ar ddeg fyddai ei phriod hi maes o law.

Yn y cyfamser, trefnodd gwarcheidwaid Charles addysg iddo a fyddai'n deilwng o'i statws. Yn 1679, ac yntau'n ddwy ar bymtheg oed, aeth i Goleg Iesu, Rhydychen, ond gadawodd cyn graddio, fel y gwnâi llawer o ddynion ifainc bonheddig. Yn 1682, cyn ei fod yn un ar hugain oed, yr oedd yn briod, a Jane erbyn hynny yn bump ar hugain. Ni wn ddim am natur priodas Charles a Jane Lloyd, ond yr oedd, wrth gwrs, yn briodas ardderchog i Jane o ran ei safle cymdeithasol, gan fod Maesyfelin yn stad mor sylweddol. Cyn gynted ag y cyrhaeddodd Charles ei un ar hugain oed a chael ei ryddid, dechreuodd brynu tiroedd i ychwanegu at ei stad. Yr oedd Mary Lloyd, gweddw Syr Francis Lloyd, wedi hen farw, a gallwn ddychmygu Jane yn feistres Maesyfelin ac yn mwynhau'r moethau yno, a'i thad, Morgan, gartref yn Green-grove yn ei longyfarch ei hunan oherwydd y posibilrwydd o weld ei wyrion yn feistri Maesyfelin.

Roedd Charles Lloyd yn siryf sir Aberteifi yn 1688. Erbyn hyn yr oedd tri o blant ganddo: bachgen a fu farw'n ifanc iawn, a dwy ferch, Jane (ar ôl ei mam) ac Eleanor. Er gwaethaf ei ddyrchafiad i fod yn siryf, bu 1688 yn gyflafan ym mywyd Charles Lloyd; bu farw ei dad-yng-nghyfraith, Morgan Lloyd, a bu farw'i wraig ychydig fisoedd ar ôl ei thad. Ei ddwy ferch fach oedd etifeddesau Green-grove (stad eu mam), a Maesyfelin hefyd, ond go brin y gellid disgwyl i Charles aros yn weddw; nid oedd eto'n ddeg ar hugain oed, ac yr oedd yn naturiol iddo ailbriodi, a gwnaeth hynny yn 1690. Ei wraig newydd oedd Frances Cornwallis, merch Syr Francis Cornwallis o Abermarlais, priodas fanteisiol iawn i'r dyn ifanc. Blodeuodd ei yrfa. Urddwyd ef yn farchog yn 1693, ac etholwyd ef yn aelod seneddol dros fwrdeistrefi sir Aberteifi yn 1698; bu'n aelod hyd 1701.

Wynebai Jane ac Eleanor Lloyd ar sefyllfa ddigon cyffredin mewn oes pan oedd cymaint o bobl yn marw ym mlodau eu dyddiau; gorfod dygymod â bywyd gyda llysfam ffrwythlon a ddygodd wyth o blant i'w gŵr. Yn eu plith yr oedd dau fachgen, a'r hynaf yn etifedd Maesyfelin, ond daliai Jane ac Eleanor i fod yn etifeddesau Green-grove, cartref eu mam. Ond yn 1696 bu farw Eleanor, tua naw oed, gan adael Jane yn unig etifeddes. Nid oedd Green-grove yn ei dwylo, wrth gwrs; ei thad a reolai'r stad drosti, a phan briodai Jane, byddai yn nwylo ei gŵr. Mae'n hawdd credu, felly, fod Jane yn ferch unig; mae'n debyg iddi dreulio rhywfaint o'i hamser yn ymweld â'r tŷ teuluol yn Llwydlo, lle ganed rhai o'i hanner brodyr a hanner chwiorydd, plant Frances. Ond hawdd dychmygu ei bod yn teimlo bod ei bywyd yn ddi-ffrwt, a'i bod yn awyddus i newid ei byd, ac erbyn 1703 yr oedd yn bwriadu priodi.

Go brin fod Syr Charles Lloyd yn awyddus i weld ei ferch yn

priodi, oherwydd byddai'n colli ei afael ar stad Green-grove, ac er nad oedd Green-grove ond cyfran o'r holl diroedd a feddai, mae'n debyg na fynnai golli'r lle. Dyfalu yw hyn; ond mae'n siŵr y byddai Syr Charles, petai Jane am briodi (fel y disgwylid i bob merch wneud, yn enwedig os byddai'n etifeddu stad), am iddi briodi'n ddoeth. Arfer yr oes oedd i'r tad ddewis partner ar gyfer ei ferch, er y gallai honno wrthod ei ddewis, dim ond iddi wneud hynny yn y dull mwyaf cynnil a doeth. Ond nid oedd Jane am fod yn ddoeth; yr oedd am briodi un o weision ei thad ym Maesyfelin, a hynny mewn cyfnod pan oedd hyd yn oed y syniad y gallai etifeddes briodi â gwas yn ddefnydd sgandal.

Enw'r gwas oedd James Tanner, a thrwy gyd-ddigwyddiad yr oedd ei frawd, Henry, yn was ym mhlas Abermarlais, cartref teulu Cornwallis, teulu llysfam Jane Lloyd. Felly, pan ddaeth aelodau teulu Cornwallis i ymweld â theulu'r Lloydiaid ym Maesyfelin yn 1703, daeth Henry Tanner hefyd, er mwyn gweld ei frawd, gan iddo glywed eisoes am gyfeillgarwch anghyffredin James a Jane. Wyth mlynedd ar hugain yn ddiweddarach rhoes Henry dystiolaeth fanwl ynghylch yr hyn a welsai'n digwydd ym Maesyfelin.[2] Yr oedd yn ddigon cyfarwydd â'r lle; gwneuthurwr menig ydoedd, a bu yno droeon yn gwneud menig i Jane Lloyd ac aelodau eraill y teulu. Un diwrnod yr oedd Henry Tanner wedi mynd i lawr i'r seler yn y gobaith o weld ei frawd. Yr oedd James newydd fynd oddi yno, ond eisteddai Jane Lloyd wrth ford gan gymryd arni ei bod yn darllen llyfr. Dychwelodd James â jŵg, tynnodd gwrw o gasgen, ac eistedd yn ymyl Jane. Rhoddodd ei fraich am ei chanol. Yr oedd ymddygiad o'r fath rhwng gwas a merch ei feistr yn hollol anghyffredin, wrth gwrs.

Yna trodd Jane at Henry Tanner a dweud: 'On'd yw dy frawd yn anniolchgar yn fy ngwrthod, a minnau'n barod i'm rhoi fy hun a'm

---

[2] Yn Saesneg y rhoddai ei dystiolaeth; yr wyf wedi mentro'i chyfieithu ar gyfer yr ysgrif hon.

ffortiwn iddo?' Mynnai Henry, wrth roi ei dystiolaeth, ei fod yn cytuno â hi, ond ychwanegodd, 'Mi fyddai'n tynnu anfri mawr arnoch pe bai'n gwneud hynny, ac yntau'n ddim ond gwas.' Mynnai Jane y dylai'r ddau frawd gytuno â'i gilydd ynghylch pa amser i ddychwelyd i Faesyfelin a mynd gyda hi i Lanpumsaint, lle y gallai hi a James briodi. Cytunodd James y gwnaent, a chodi i fynd, ond cydiodd Jane yn ei lewys, a thaeru, 'Gwranda Jemmy Tanner, rwy'n dweud o flaen dy frawd, oni bai dy fod yn addo fy mhriodi, ac yn gwneud, y tro cyntaf y caf afael ar dân neu ddŵr neu gleddyf, fe laddaf fy hun, a bydd f'ysbryd yn dy ddilyn ac yn dinistrio dy galon.'

Wedi'r olygfa eithriadol hon, dychwelodd Henry Tanner i Aber-marlais a derbyniodd lythyr oddi wrth ei frawd yn crefu arno am fynd i gartref rhyw Henry Jenkins ger Llanbedr Pont Steffan i'w gyfarfod. Daeth James yno, ac aeth y ddau frawd trwy'r glaw i gyfeiriad Maesyfelin. Yr oedd Jane a dwy ferch arall wedi bod yn disgwyl amdanynt ac yn fferru yn yr oerfel, a deallodd Henry fod James a Jane yn bwriadu priodi'r noson honno yn Llanpumsaint, sir Gâr. Wedi iddynt alw am Lyfr Gweddi a channwyll, teithiodd Jane gyda'r ddau frawd ymlaen i Lanpumsaint, i gartref yr offeiriad Griffith Jones, curad Llan-y-crwys (nid Griffith Jones, Llanddowror). Mor druenus oedd tlodi'r offeiriad hwn fel yr arferai (yn ôl Henry Tanner) werthu cwrw; ei gyflog eglwysig oedd £4 10s 0c y flwyddyn.

Pan ddaeth Henry o hyd i'r offeiriad yn ei wely, a hwnnw wedi bod yn yfed, gofynnodd iddo a fyddai'n barod i briodi pâr ifanc yn ddirgel. Nid oedd yr offeiriad yn awyddus; dywedodd iddo gael ei geryddu a'i gosbi gan yr esgob droeon o'r blaen am wneud hynny, ond awgrymodd Jane y dylai Henry gynnig coron iddo am y gwaith. Cymerodd gwraig yr offeiriad yr arian, a chododd yntau o'i wely a darllen y gwasanaeth priodas. Mynnodd Henry, wrth roi ei dystiolaeth, i bopeth gael ei gyflawni yn ôl trefn Eglwys Loegr; atebodd Jane yn eglur, a defnyddiwyd modrwy Henry. Wedi iddynt ddathlu'r achlysur â chymorth y cwrw clerigol, dychwelodd y tri i Faesyfelin y noson honno. Ni wn a oedd Syr Charles Lloyd a'i wraig i ffwrdd, ond mae'n debyg mai dyna'r amgylchiad y byddai Jane wedi ei ddewis. Y bore wedyn, meddai Henry Tanner, gwelodd ei frawd yn yr un gwely â Jane; ffordd boléit o sicrhau'r cyfreithwyr a'i holai fod y briodas wedi ei chyflawni.

Ni wn pryd y cafodd Syr Charles Lloyd wybod fod ei ferch wedi priodi ei was, ond mae'n hawdd dychmygu ei gynddaredd. Mae'n rhyfedd na sylweddolodd Jane beth fyddai adwaith ei thad; rhaid ei bod yn gibddall iawn os tybiai y byddai ei thad yn fodlon rhannu ei ford â'i was, a throsglwyddo Green-grove iddo, a byddai'r syniad fod ei wyrion ef yn blant i'w was yn dân ar ei groen. Yr oedd ganddo ddylanwad yn y byd mawr, ac o fewn ychydig amser yr oedd James Tanner wedi cael ei gipio i ffwrdd i fod yn filwr, yn erbyn ei ewyllys. Yn yr oes honno nid oedd gwahaniaeth gan y fyddin a'r llynges o ba le y deuai eu dynion, na chwaith a oeddynt yn fodlon ymuno ai peidio. Ceisiodd Henry Tanner sicrhau papurau cyfreithiwr i ryddhau ei frawd o'r lluoedd arfog, ond yn ofer. Yr adeg honno yr oedd dirfawr angen am filwyr i fynd i ymladd dros William III yn yr Iseldiroedd, ac yno yr aeth James Tanner yn filwr bychan. Ni lwyddodd i ddychwelyd i Lundain tan 1716, ac yno y bu nes iddo farw. Ysgrifennai lythyron achlysurol o Fflandrys at ei frawd Henry, ond ni ddychwelodd byth i Gymru, ac ni welodd ei wraig, Jane, byth wedyn. Ysgrifennodd honno un llythyr at James, gan ei roi i Henry, ond yn lle ei anfon ymlaen, cadwodd hwnnw ef.

Yr oedd byd Jane wedi ei ddymchwel; yn caru yn 1703, yn briod yn 1704, ac i bob pwrpas yn weddw yn 1705. Yr oedd cael ysgariad yn amhosibl, a chychwynnwyd achos cyfreithiol i ddatgan nad priodas ddilys fu ei pherthynas â James Tanner; yr unig ffordd i chwalu priodas oedd sicrhau datganiad llys na fu'n ddilys o'r cychwyn. Dechreuwyd yr achos o flaen llys esgob Tyddewi yng Nghaerfyrddin, ac aeth oddi yno i lys archesgob Caer-gaint yn

Llundain. Ni allwn ond dychmygu pa berthynas a fodolai rhwng
Syr Charles a'i ferch yn ystod y cyfnod hwn. Ni wyddom ai efe a'i
gorfododd i fynd trwy'r llysoedd yn erbyn ei hewyllys, neu a ddaeth
hi i sylweddoli pa mor amhosibl oedd ei sefyllfa. Gallwn dderbyn
mai ef a dalodd y costau cyfreithiol.

Y cam nesaf i Syr Charles oedd sicrhau etifeddiaeth Green-grove.
Gan na fedrai ymddiried yn Jane i ymddwyn yn gyfrifol, prynodd
yr etifeddiaeth ganddi am saith cant o bunnoedd a phensiwn bychan.
Wedyn, pe genid plant iddi o unrhyw briodas, ni allent etifeddu
Green-grove. Erbyn 1706 yr oedd Jane wedi colli'r cyfan. Mae'n
amheus gennyf a welodd hi byth y saith can punt mewn arian
parod; nid oedd y swm yn fwy na chyfran fechan o werth y stad.

Wedi i Syr Charles ddifreinio'i ferch ei hun yn y fath fodd,
bodlonodd iddi briodi, a hynny â William Gower o sir Gaerfyrddin.
Twrnai, ac aelod o gyngor tref Caerfyrddin, oedd Gower; yr oedd ei
dad a'i dad-cu wedi gwasanaethu ar gyngor y dref, a bu ei dad yn
siopwr. Roedd William Gower yn faer y dref yn 1710. Ganed merch,
Jane, iddynt yn 1709, a ganwyd pump o blant eraill ar ei hôl, ond ni
chyrhaeddodd yr un ohonynt un ar hugain oed. Yn ôl safonau'r
dydd yr oedd Jane wedi priodi'n dda; gan ei bod wedi ildio'i braint
fel etifeddes, ac wedi digio'i thad, ni allai ddisgwyl priodi'n
fanteisiol iawn. Diau y dylai Syr Charles Lloyd fod wedi talu'r
saith can punt i William Gower fel gwaddol ei ferch, ond mae'n
bosibl na wnaeth hynny, oherwydd yr oedd y cysgodion yn cau o
gwmpas Maesyfelin.

Bu Syr Charles Lloyd farw heb enwi Jane yn ei ewyllys; ei
etifedd oedd ei fab, Syr Charles Cornwallis Lloyd, a oedd tua
deunaw oed ar y pryd. I dalu gwerth tair mil o bunnoedd o gymyn-
roddion ei dad bu'n rhaid i'r dyn ifanc godi morgais ar ei stad, gan
gynnwys Green-grove. O fewn dwy flynedd bu farw, a'i frawd
bach, Lucius Christianus Lloyd, wedi etifeddu Maesyfelin, ond

ymhen hir a hwyr gwahanwyd Green-grove oddi wrthi i fod yn stad annibynnol unwaith eto.

Y rheswm am hynny oedd i Jane (Lloyd) Gower a'i phriod, William, symud o Gaerfyrddin tua 1724, ac iddi hithau farw cyn 1732. Yna, daeth Lloyd arall ymlaen i hawlio etifeddiaeth Green-grove. John Lloyd o Ffosybleiddiaid, Swyddffynnon, oedd hwnnw, twrnai oedd yn byw yn nhref Caerfyrddin. Yr oedd yn orwyr i Thomas Lloyd, brawd hynaf Morgan Lloyd, tad-cu Jane Lloyd yr ail. Methiant oedd ei ymgais, ond dylem ddiolch iddo am roi cynnig arni, oherwydd wrth roi ei achos gerbron Llys y Sesiwn Fawr yn Aberteifi, yn ddiymwybod iddo'i hun sicrhaodd y byddai hanes priodas Jane Lloyd a James Tanner ar glawr a chadw.

Dengys y stori hon gymaint o bŵer oedd gan dad dros ei blant, yn enwedig dros ei ferched yr adeg honno, a dengys hefyd y bwlch a fodolai rhwng y gweision a'u meistri. Nid wyf yn hollol siŵr a ddylid credu tystiolaeth Henry Tanner ym mhob manylyn; tybed nad oedd yn awyddus i gyfiawnhau ymddygiad ei frawd? Mae'r dystiolaeth a roes yn ymddangos yn rhy drefnus, yn rhy slic, yn enwedig y cyfeiriad at fore trannoeth y briodas. Ni ddylai'r offeiriad Griffith Jones fod wedi cydsynio i ddarllen y gwasanaeth priodas, oherwydd unwaith y darllenwyd y gwasanaeth a chyflawni'r briodas yn rhywiol, yr oedd yn ddilys er ei bod yn anghyfreithlon. Ond yr oedd offeiriaid a oedd wedi eu llygru gan eu tlodi ar hyd y wlad, ac yn enwedig yn Llundain, yn barod i gyflawni priodasau felly.

Pan fu farw Syr Lucius Christianus Lloyd heb etifedd, gadawodd Green-grove i'w gyfaill, John Lloyd, perchennog stad Ffynnon Bedr. Pan fu farw yntau'n ddi-blant, etifeddwyd y lle gan ei frawd, Syr Herbert Lloyd, o felltigedig goffadwriaeth. Erbyn hyn y tenant yn Green-grove oedd Dorothy, y Fonesig Lisburne. Y mae'r modd y digwyddodd i Dorothy ddod i Green-grove, ac i'w mab Edward brynu'r lle, yn rhan o stori'r bennod nesaf.

139

Cart achau'r Llwydiaid (wedi ei symleiddio):

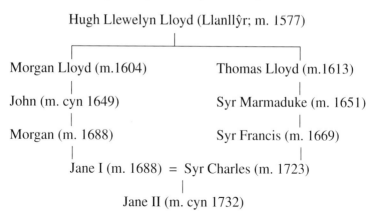

Hugh Llewelyn Lloyd (Llanllŷr; m. 1577)

Morgan Lloyd (m.1604)   Thomas Lloyd (m.1613)

John (m. cyn 1649)   Syr Marmaduke (m. 1651)

Morgan (m. 1688)   Syr Francis (m. 1669)

Jane I (m. 1688) = Syr Charles (m. 1723)

Jane II (m. cyn 1732)

PENNOD 14

SGANDAL YR ARGLWYDD

Am ddwy ganrif cyn 1721 bu'r haul yn gwenu ar deulu'r
Vaughaniaid yn Nhrawsgoed, dyffryn Ystwyth. Yn raddol yr oedd y
teulu wedi tyfu o fod yn sgwieriaid bach y dyffryn i fod yn
berchenogion y stad fwyaf yng Ngheredigion. Trwy brynu call,
trwy briodi'n fanteisiol, trwy roi benthyg arian yn ofalus, trwy
wasanaeth i'r Goron, yr oedd aelod ar ôl aelod o'r teulu wedi
ychwanegu at y tiroedd. Daeth y gamp fwyaf yn 1630/32 pan
brynwyd degau o filoedd o erwau fu unwaith yn eiddo i fynachod
Ystrad-fflur. Y dyn a drefnodd hynny oedd John Vaughan; ef oedd
aelod cyntaf y teulu i gael ei ddewis yn aelod seneddol, ac wrth
ddilyn gyrfa lwyddiannus yn llysoedd barn Llundain, cafodd ei
ddyrchafu'n arglwydd prif ustus Llys y Dadleuon Cyffredin, a'i
urddo'n farchog. Yr oedd ei fab Edward hefyd yn aelod seneddol
llwyddiannus, a'r ŵyr, John Vaughan II, yn ddigon lwcus i briodi
etifeddes, sef Malet, merch iarll Rochester. Un o ddynion mwyaf
blaenllaw llys Siarl II oedd iarll Rochester, gwalch na flinai ar hel
merched a mynd dros ben llestri i bob cyfeiriad, yn enwedig wrth
gyfansoddi cerddi mor aflednais fel na bu modd eu hargraffu am
ganrifoedd. Ac yntau wedi priodi â merch mor flaenllaw, urddwyd
John Vaughan II yn is-iarll Lisburne, fel na fyddai ei wraig yn Mrs
Vaughan, a hithau wedi arfer ag arddel teitl arglwyddes.[1]

[1] Sail y bennod hon yw Gerald Morgan, 'The Trawsgoed Inheritance', *Ceredigion*,
XII, 1 (1993), tt. 9-40.

Nid oes sôn, er gwell nac er gwaeth, am gymeriad Malet, ond ymddengys i natur ei thad frigo i'r wyneb yng nghymeriad ei mab, John Vaughan III. Ganed ef tua 1690, ac erbyn 1715 yr oedd yn dangos ysbryd etifedd, yn enwedig trwy gamblo; cyn marw ei dad yn 1721 bu'n rhaid codi morgais ar y stad er mwyn talu ei ddyledion. Yr oedd John Vaughan wedi priodi â merch i gyfreithiwr yn 1716, ond bu hi farw'n ddi-blant yn 1723. Felly yr oedd yr is-iarll yn rhydd i ddilyn ei ffansi, heb neb i'w gadw rhag mynd i ffolineb, ac fel y gwelsom yn hanes Green-grove, hawdd iawn oedd priodi'n ffôl yr adeg honno; yr oedd amodau priodi'n llac, ond nid oedd modd ymryddhau ohoni. Cyn Deddf Priodas Arglwydd Hardwicke yn 1753 yr oedd modd rhwydo mab neu ferch i briodas trwy herwgipiad, trwy feddwdod, neu hyd yn oed wrth wisgo i fyny a chymryd lle rhywun, fel y dangoswyd yn y bennod flaenorol.

Yn Nadolig 1724 aeth John Vaughan i ardal y Drenewydd, i dreulio'r ŵyl gyda Syr John Pryse. Yr oedd y marchog wedi trefnu cyngerdd i ddathlu'r ŵyl, ac aeth John Vaughan i wrando ar y canu, a da hynny, oherwydd yr oedd eisoes wedi treulio noson mewn tŷ arall yn meddwi'n gorn, gan daflu ei het a'i berwig i'r tân! Dwy arall oedd yn bresennol yn y cyngerdd oedd merched Capten Richard Hill, Henblas, sef Bridget a Dorothy. Rhaid eu bod yn gyfarwydd â'r is-iarll, oherwydd yr oedd Bridget yn wraig i David Lloyd, asiant stad Trawsgoed a pherchennog ei stad fechan ei hun, sef Breinog, Felin-fach.[2] Yr oedd Dorothy'n un ar hugain oed, ac yn ddibriod. Ni allai obeithio priodi'n uchelgeisiol, gan mai swyddog wedi ymddeol o'r fyddin oedd ei thad, heb waddol hael i'w gynnig gyda'i ferch. Er bod John Vaughan yn gamblwr, a morgais ar ei stad, yr oedd yn nod rhy uchel i ferch fel Dorothy; ond yr oedd ganddi hi, a'i thad, eu huchelgais.

---

[2] 'Brynog' yw'r sillafiad arferol heddiw, ond mae'n adlewyrchu ynganiad Seisnigaidd. Breinog, sef 'lle'r brain', sy'n Gymreigaidd gywir.

Mae'n bur debyg i Dorothy wneud popeth o fewn ei gallu i ddenu sylw John Vaughan noson y cyngerdd Nadolig; yn wir, aeth yn rhy bell, a mynnodd gwraig Syr John Pryse yrru'r ddwy chwaer adref oherwydd ymddygiad Dorothy, ond trannoeth daeth Richard Hill i wahodd yr is-iarll i'w gartref. Derbyniodd John Vaughan, ac erbyn y nos yr oedd mor feddw nes y bu'n rhaid iddo aros noson yn Henblas. Trannoeth, ceisiodd ymadael, ond galwodd Richard Hill ar ei ferch Dorothy i ddod i'w berswadio i aros. Aros a wnaeth, a dechrau yfed eto. Erbyn y nos yr oedd yn feddw, felly gyrrodd Richard Hill am ficer Llandinam, John Gilsley. Darllenodd hwnnw'r gwasanaeth priodas o flaen Dorothy a John Vaughan, a rhoddwyd y ddau mewn gwely. Trannoeth, pan ddaeth John Vaughan ato'i hun, yr oedd yn ŵr priod am yr eildro. Nid oedd dihangfa iddo; yr oedd y ffars yn briodas gyfreithlon.

Adref i Drawsgoed yr aeth yr is-iarll a'r is-iarlles, a gwnaeth y priodfab yr unig beth anrhydeddus a wnaethai trwy gydol yr hanes, sef arwyddo dogfen yn caniatáu gwaddol o dri chan punt y flwyddyn i Dorothy petai ef yn marw o'i blaen. Mae'n anodd dychmygu sut fywyd priodasol a gawsant, ond yn 1727 ganed merch i'r pâr, a'i galw'n Malet ar ôl ei mam-gu. Ym mis Medi'r un flwyddyn cynigiodd John Vaughan am sedd sir Aberteifi yn y senedd, a threchu Thomas Powell, Nanteos, yn yr etholiad.[3] Aeth i Lundain, ac arhosodd yno am ddwy flynedd, er bod ganddo ferch gartref. Rhaid bod y briodas eisoes ar chwâl mewn popeth ond enw.

Ni wn a fyddai wedi aros oddi cartref yn hwy, ond yn ystod haf 1729 ysgrifennodd ficer Llanfihangel-y-Creuddyn, Peregrine Stokes, lythyr ato yn Llundain i ddweud wrtho nad oedd ei wraig yn ymddwyn fel y dylai; yn wir, ei bod dan amheuaeth o gam-ymddwyn gyda David Lloyd, ei brawd-yng-nghyfraith. Hyd yn oed os oedd Bridget, gwraig David Lloyd a chwaer Dorothy, wedi

---

[3] Ni allai fynd i Dŷ'r Arglwyddi, gan mai teitl Gwyddelig yw is-iarllaeth Lisburne.

marw erbyn hyn, yr oedd yn anghyfreithlon ymgyfathrachu â brawd neu chwaer person priod, felly yr oedd y cyhuddiad yn awgrymu llosgach yn ogystal â godineb.

Yr oedd ymateb yr is-iarll yn un rhyfedd. Cychwynnodd o Lundain yn lled fuan, a daeth cyn belled ag Amwythig. Yno cyfarfu â'i chwaer, Letitia Vaughan; hithau, er yn ddibriod, yn fam i efeilliaid – o leiaf, dyna a sgriblodd cyfreithiwr ar un o bapurau'r achos a ddaeth yn sgil yr holl sgandal. Dringodd y brawd a'r chwaer i gerbyd yng nghwmni rhyw Feistres Phillips. Sefyllfa swyddogol honno oedd bod yn forwyn i Letitia, ond yr oedd hefyd yn ordderch John Vaughan. Nid oedd y teithwyr ar frys; yn wir, aeth tri mis heibio cyn i gerbyd y triawd rhyfedd hwn gyrraedd Trawsgoed. Go brin fod yr is-iarll yn teimlo'n euog wrth ddychwelyd adref i ddannod ei hymddygiad i'w wraig, ac yntau'n dod adref â'i ordderch. Yr oedd yn agored i ddynion hau eu had ar led, ond egwyddor sylfaenol bywyd merch, yn ôl Dr Samuel Johnson, oedd cadw ei choesau ynghyd.

Mynnodd John Vaughan gysgu mewn ystafell ar wahân i'w wraig, a gofynnodd iddi esbonio'i hymddygiad. Gwrthododd hithau'n blwmp ac yn blaen; taerodd nad oedd yn malio botwm corn beth a ddywedid amdani, a rhuthrodd o'r ystafell. Llusgodd pethau ymlaen felly am rai wythnosau; hi'n gwrthod ateb na dadlau, ac ef yn methu â dod â'r mater i fwcwl. O'r diwedd, cyhoeddodd Dorothy ei bod yn gadael y plas, a gadael a wnaeth, heb ystyried yr oblygiadau. Yr oedd y rheiny'n ddifrifol, oherwydd yr oedd yn agored felly i gyhuddiad o adael ei phriod, a thrwy hynny yr oedd yn colli'r hawl i gadw ei merch fach, Malet. Yr adeg honno yr oedd plant yn eiddo cyfreithiol y tad, nid y fam. Yn y cyfwng hwn, heb incwm na chynhaliaeth na phlentyn, aeth yr is-iarlles adref at ei thad yn nyffryn Hafren.

Yr oedd John Vaughan hefyd mewn cyfyng-gyngor. Nodwyd eisoes mai'r unig ffordd i gael ysgariad yr adeg honno oedd trwy ddeddf seneddol. Dechreuodd gasglu tystiolaeth i'r perwyl hwnnw, ond yr oedd yn drefn gostus iawn, a bu'n rhaid iddo roi'r cynllun heibio. Heb ysgariad ni allai briodi eto, ac nid oedd ganddo fab; etifedd y stad oedd ei frawd iau, Wilmot Vaughan, am na fedrai Malet etifeddu a hwnnw'n fyw. Yr oedd modd cael ymwahaniad cydnabyddedig, ond ni ddymunai John Vaughan gydnabod bodolaeth ei wraig, ac ni fyddai'r broses wedi caniatáu iddo ailbriodi, beth bynnag.

Yn y cyfamser ni bu Dorothy'n segur. Ymddengys bod ganddi natur wyllt; nid oedd yn fodlon byw'n dawel gartref gyda'i thad, ac erbyn gwanwyn 1732 yr oedd si ar led yn nyffryn Hafren ei bod yn feichiog. Pan ddanododd ei chyfnither, Catherine Clunne, hynny wrthi, gwadodd Dorothy'n ffyrnig, a dangos dillad isaf gwaedlyd iddi, arwydd ei bod yn dal i gael ei mislif. Bu'n rhaid i Catherine aros tan ar ôl genedigaeth y plentyn i gael gwybod gan Dorothy iddi gasglu pennau ieir o'r gegin i roi'r arwyddion gwaed ar ei dillad isaf.

Un diwrnod y gwanwyn hwnnw daeth Richard Hill at ddrws Dr Stafford Rice, Bertheirin, i holi a welsai Dorothy yn rhywle. Yr oedd Dorothy eisoes wedi galw yn y tŷ i ofyn a gâi fenthyg ceffyl gan ddweud ei bod wedi alaru ar ei thad, a'i bod yn awyddus i fyw gyda'i chyfyrder, Edward Glynne. Gofynnodd Richard i'r meddyg a oedd yn wir bod Dorothy'n feichiog; cadarnhaodd y meddyg hynny, ac wylodd ei thad. Aeth Mrs Stafford Rice i geisio perswadio Dorothy i fynd yn ôl at ei thad, ond gwrthododd yn lân; mynnai ei bod am blesera a'i bod wedi cael hen ddigon ar ei gwmni.

Ond ni allai guddio'r beichiogrwydd am byth. Aeth i Bunbury, swydd Gaer, ac esgor ar fachgen. Bedyddiwyd ef yn Edward Vaughan, a chyhoeddodd Dorothy ei llawenydd fod gan is-iarll Lisburne etifedd! Ac yn wir, yn ôl y gyfraith yr oedd yn llygad ei lle. Y mae plentyn gwraig gŵr priod yn blentyn i'r gŵr hefyd, oni all ef brofi i sicrwydd nad oedd yn fiolegol bosibl iddo fod yn gyfrifol gan iddo fod dramor, er enghraifft. Yr oedd yr offeiriad a fedyddiodd y bachgen yn ofalus iawn; dyma'r geiriau a ysgrifcn-nodd yn y gofrestr:

Edward son of Dorothy wife to Lord Viscount Lisburne Baptised in Bunbury parish July 23 1733.

Arfer yr oes fyddai ysgrifennu 'Edward son of John Lord Viscount Lisburne by Dorothy his wife'; Mae'n amlwg bod yr offeiriad yn deall yn iawn fod yr amgylchiadau'n amheus. A phe na bai hynny'n ddigon, aeth Dorothy ymlaen i esgor ar ddau blentyn arall yn ystod y tair blynedd nesaf.

Daeth y newyddion i glustiau John Vaughan yn fuan, ac yr oedd yn lloerig. Mynnai nad ef oedd tad yr un o'r tri phlentyn hyn. Yn ei dymer, gwysiodd nifer o'i gyfeillion i ddod i Drawsgoed, ynghyd â ficer Llanafan, a gofynnodd i'r ficer ddathlu'r cymun. Cymerodd John Vaughan y bara a'r gwin cysegredig, ac wedyn tyngodd lw ar y Beibl o flaen y cwmni, a gynhwysai ustus heddwch a chyfreithiwr, mai Malet oedd ei unig blentyn cyfreithlon o'i wraig, Dorothy. Mae'n rhyfedd gweld y dihiryn aristocrataidd yn defnyddio elfennau sancteiddiaf crefydd i'w bwrpas ei hun, ond rhaid derbyn ei fod yn dweud y gwir, er bod lle cryf i amau a fyddai'r llw wedi bod yn dderbyniol mewn llys barn.

Os derbyniwn lw John Vaughan, rhaid gofyn pwy oedd wedi bod yn cyfathrachu'n rhywiol gyda Dorothy Vaughan. Y mae'n amlwg oddi wrth y tystion fod pawb yn nyffryn Hafren yn tybio mai Edward Glynne, cefnder Dorothy, a wnaeth. Ond yr ymgeisydd gwreiddiol am y teitl, wrth gwrs, oedd David Lloyd. Yr oedd hwnnw wedi gadael ei swydd fel asiant Trawsgoed pan dorrodd y storm am ben Dorothy yn 1729; peth doeth, ond llwfr, i'w wneud. Ond gan ei fod yn fab-yng-nghyfraith i Richard Hill, yr oedd ganddo esgus dros weld Dorothy, a chredaf fod digon o dystiolaeth i ddangos naill ai ei fod yn dad i'r plant, neu o leiaf ei fod yn *ystyried* ei fod.

Ni allai John Vaughan ei hun fyw fel mynach. Bu Gwyddeles, Meistres Roach, yn rhannu ei wely am gyfnod, ond cymerodd y goes, a dianc â thipyn o lestri arian. Daeth Gwyddeles arall, Anne Savage, i lenwi ei lle, a bu honno'n feistres ar blas Trawsgoed ac i'r is-iarll hyd ei farwolaeth. Y mae ei statws yn amlwg yng ngeiriau'r ewyllys gyntaf a luniwyd gan John Vaughan; caniatawyd iddi gymryd ei dillad, modrwyau, dodrefn a phopeth oedd yn eiddo iddi o'r plas. Yr oedd ganddi fab, a fedyddiwyd yn John Vaughan. Ond er bod Anne Savage yn feistres y lle, bu'n rhaid iddi rannu ei lle yng ngwely John Vaughan gyda menywod eraill; enwir Gwenllïan Savage ac Elizabeth Dudlyke yn yr ail ewyllys a wnaeth Vaughan, ynghyd â'u plant, Mary a Jane.

Wedi i is-iarll Lisburne farw fe'i claddwyd, yn ôl ei ddymuniad, yng nghladdgell y teulu yn eglwys Llanafan, a hynny liw nos, yn ôl ffasiwn y cyfnod. Ond diwedd pennod oedd ei farw, nid diwedd y stori. Pwy oedd i etifeddu plas ac erwau helaeth Trawsgoed, a phwy fyddai is-iarll Lisburne? Rhaid bod Wilmot, y brawd iau, wrth law pan fu farw John Vaughan, oherwydd symudodd i'r plas a chyhoeddi mai ef oedd yr etifedd. Ond ni fu Dorothy'n segur; cyflogodd gyfreithwyr a dechreuodd ar ymgyrch triphlyg i ennill stad y Trawsgoed i'w mab, Edward, ac i sicrhau ei dyfodol ei hun. Yn gyntaf, gyrrodd at denantiaid y stad yn gofyn iddynt dalu eu rhenti i Edward. Profociodd hynny Wilmot i yrru llythyr llym at y tenantiaid yn dweud mai ei eiddo ef oedd y rhenti, ac nid eiddo Edward Vaughan. Yn ail, galwodd Dorothy ar Wilmot Vaughan i dalu'r tri chan punt y flwyddyn oedd yn ddyledus iddi. Yr oedd Wilmot o'i gof; ysgrifennodd at gyfreithwyr Dorothy:

you know the History of the Lady's life, how that she play the whore at his Lordship's house in the country when he was in Parliament and had two or three Bastards by his Steward in his absence . . .

Ond bu'n yn rhaid iddo ildio, a thalu'r tri chan punt y flwyddyn na allai'r stad yn rhwydd eu fforddio.

Yn drydydd, rhoes Dorothy gychwyn ar achos yn enw ei mab, Edward Vaughan, is-iarll Lisburne, yn erbyn Wilmot Vaughan, i geisio gael meddiant o'r etifeddiaeth trwy'r llys. Yr oedd Edward yn rhy ifanc i wneud hyn ar ei ben ei hun; roedd yn rhaid cael cyfaill i wneud hynny, a'r cyfaill a wnaeth oedd neb llai na David Lloyd, Breinog, awgrym cryf mai ef oedd gwir dad y bachgen. Cafodd cyfreithwyr y ddwy ochr wledd; buont wrthi am flynydd-oedd yn holi tystion ac yn copïo'r cyfan mewn ysgrifen fras, goeth ar bapur drudfawr yn dwyn stamp y wlad. Daeth gweision a morynion Trawsgoed ymlaen i roi tystiolaeth ac i hel clecs. Wrth drafod ymddygiad David Lloyd gyda Dorothy Vaughan, mynnai'r gwas, Thomas Doughton:

'Twas a common saying in the Family that it was hard that one Man should supply two Sisters.

Yr oedd y dynion, at ei gilydd, yn cefnogi achos yr is-iarll, ac yn pardduo enw Dorothy. Nid yw hynny'n syndod, oherwydd dibynnai dynion megis Marmaduke Copsey, gwas arall John Vaughan, ar ewyllys da'r meistr. Yr oedd y merched yn cefnogi Dorothy, a dywedodd ei morwyn, Mary Martin, i Mrs Phillips eistedd ar arffed John Vaughan wrth deithio o Amwythig i Drawsgoed. Ond yr oedd eithriad, sef Catherine Clunne, a roes dystiolaeth wenwynllyd yn erbyn ei chyfnither Dorothy.

Llusgodd yr achos ymlaen am flynyddoedd. Yn wir, oni bai i Wilmot briodi etifeddes, Elizabeth Watson o Berwick-on-Tweed, mae'n bur debyg y byddai'n rhaid iddo fod wedi rhoi'r ffidil yn y to. Ond roedd ei theulu'n barod i gynorthwyo'n ariannol, a bu cyfreitha hyd 1754, pan ddaeth Edward Vaughan yn un ar hugain oed; nawr gallai weithredu drosto'i hun. Yn union cyn y gwran-dawiad yn llys Mainc y Brenin, ildiodd a chymodi. Talodd Wilmot ddau gan punt iddo'n syth, a chytuno i roi dau gan punt yn flynyddol iddo. Rhoddodd Edward heibio'i hawl i'r stad a theitl is-iarll Lisburne.

Cafodd yr achos lawer o sylw. Yr esboniad a roddwyd yn gyffredinol am y cymodi oedd bod Edward wedi cael ar ddeall y byddai ei fam yn cael ei phrofi'n gelwyddog yn ei thystiolaeth ac y byddai hi a'i chefnogwyr yn wynebu methdaliad oherwydd y costau. Meddai papur newydd y dydd:

the Consequence of this Verdict is that the Plaintiff [Edward] acknowledged himself to be a Bastard, which he did not then understand was the case.

Yr oedd William Morris, Caergybi, yn llawn diddordeb yn yr achos, oherwydd yr oedd ei frawd, Lewis, yn elyn anghymodlon i Wilmot Vaughan. Ysgrifennodd at Richard Morris, ei frawd, yn Llundain:

I had read in the papers that young Lisburne [Edward] had compromised matters with his uncle at Court, and did expect to see the poor devil outwitted. Roedd eisiau'r Llew [Lewis Morris] neu ryw un dewr i sefyll wrth ei gefn o, druan wr. Duw a'm cadwodd hyd yn hyn ac a'm ceidw rwy'n gobeithio rhag trais cyfreithwyr.

Mae'n bosibl iawn y byddai Edward wedi ennill yr achos petai wedi dod o flaen y llys (er nad oedd y llysoedd barn heb elfennau o lygredigaeth), oherwydd er bod synnwyr cyffredin yn dweud nad mab John Vaughan oedd Edward, yr *oedd* yn fab iddo yn ôl y gyfraith. Ar y llaw arall, gwyddom pa mor bwysig yw meddiant yng ngolwg y gyfraith; yr oedd Wilmot wedi meddiannu'r stad, a byddai'n anodd iawn ei yrru ohoni.

Yn y pen draw yr oedd pawb yn eithaf ffodus. Llwyddodd Wilmot i amddiffyn ei hawl, a chadw'r stad a'r teitl ar gyfer ei ddisgyn-yddion. Rhoes David Lloyd blas bychan Green-grove, dyffryn Aeron, i Edward Vaughan. Mabwysiadodd hwnnw arfbais teulu Trawsgoed, ac y mae ei ddisgynyddion yn dal i'w harfer, er nad oes ganddynt hawl i wneud hynny. Coleddai disgynyddion Edward Vaughan awydd i ailagor yr achos yn erbyn Vaughaniaid Trawsgoed, ond ni wnaethant hynny, er iddynt gasglu tystiolaeth i brofi bod Edward Vaughan yn debyg o ran pryd a gwedd i John Vaughan. Flynyddoedd wedi'r achos, pan wnaeth David Lloyd ei ewyllys, gadawodd Breinog i ail fab Edward Vaughan, ar yr amod fod y bachgen, David, yn newid ei enw i Lloyd; prawf arall, mi gredaf, fod David Lloyd yn dad i Edward, ac yn edrych ar blant Edward fel ei wyrion.

Bu Dorothy Vaughan fyw'n hen iawn, a marw'n 86 oed yn 1791. Y mae ei chofeb yn eglwys Ystrad Aeron yn dwyn arfbais ei gŵr, ac yn dweud:

To the Memory of the Honourable Lady Dorothy Dowager Viscountess Lisburne who departed this Life the 26th of Novr. 1791 in the 87th year of her Age. Her Ladyship was remarkable for her Humanity and ever employ'd in works of Beneficence and Charity.

Beth arall ellir ei ddweud amdani? Yr oedd, wedi'r cyfan, yn ddynol iawn. Felly hefyd ei gŵr, John Vaughan. Nid oedd pob gŵr bonheddig mor annheilwng ag ef, mae'n wir. Yr un pryd ag yr oedd ef a'i *harem* yn cadw reiat yn Nhrawsgoed, yr oedd Syr John Philipps, Pictwn, yn noddi Griffith Jones Llanddowror a'i ysgolion cylchynol. Yr oedd John Vaughan yn wahanol iawn ei natur i'w frawd Wilmot; wedi i hwnnw etifeddu'r stad yn 1741, ymdrechodd i'w chadw, ac adfer yr urddas a'r parch teuluol yr oedd John wedi eu hafradu. Priododd yn ddoeth, a bu ei fab hynaf, Wilmot II, yn aelod seneddol dros y sir am flynyddoedd lawer, ac yn weinidog yn y llywodraeth. Rhannai aristocratiaid yr oes yr un rhinweddau a'r un ffaeleddau â phawb arall, ond y gwahaniaeth rhyngddynt a gweddill y boblogaeth oedd bod ganddynt adnoddau i foddio'u chwantau a'u dymuniadau, er drwg ac er da.

PENNOD 15

HELYNTION DYLEDWYR

Mae'n ddigon rhesymol credu bod pobl gyfoethog yn gyfoethog. Os oedd gan fonheddwr erwau eang a thenantiaid niferus, dylasai fod yn gyffyrddus ei fyd. Dylai fedru gorwedd yn esmwyth yn ei wely, cyfrif ei gydau arian nes iddo gysgu'n dawel, heb ofal yn y byd. Onid ffolineb yw'r hen air sy'n dweud, 'Esmwyth gwsg potes maip', a'i awgrym nad oes gofalon gan y tlawd? Eto ni fedr dyn ymchwilio i hanes teuluoedd bonheddig Cymru yn hir heb sylweddoli eu bod nhw, gan amlaf, yn nofio mewn moroedd o ddyledion, ac mewn perygl parhaol o ddiflannu dan y tonnau.

Ni felly y bu trwy gydol eu hanes, wrth gwrs. Pan fu farw Edward Vaughan, Trawsgoed, yn 1683, gadawodd arian sylweddol i'w fab ieuengaf, Seldon, sef dau gwdyn, un yn cynnwys naw cant o ddarnau aur, a'r llall yn cynnwys dau gant. Yr oedd ei bedair merch i dderbyn cyfanswm o £8,900 rhyngddynt ar gyfer eu priodasau; aeth y stad, wrth gwrs, i John, y mab hynaf. Ond erbyn 1721 yr oedd morgais ar stad Trawsgoed oherwydd yr oedd ŵyr Edward Vaughan, John arall, mewn dyled am ei fod yn gamblo.

O hynny ymlaen ni fu Trawsgoed yn gwbl rydd o ddyledion. Olynydd John y gamblwr yn 1741 oedd Wilmot Vaughan, ac er gwaethaf ei ymdrechion ef a'i fab (Wilmot Iau), pwysodd dyled ar y stad am weddill y ddeunawfed ganrif. Wedi i Wilmot Iau farw yn 1800, daeth y cigfrain i glwydo ar do'r plas, megis. Etifedd y stad oedd Wilmot III, a oedd yn wallgof, a'i olynydd ef oedd ei frawd iau, John Vaughan arall eto, a hwnnw'n gamblo o ddifrif. Bu John yn aelod seneddol sir Aberteifi o 1796 hyd 1818, ac un o'i brif gymhellion dros gadw'r sedd oedd na allai neb ei roi mewn carchar am ei ddyledion. Ond erbyn 1818 yr oedd yn rhaid iddo adael y senedd, ac aeth ef a'i deulu i fyw yn Ffrainc er mwyn osgoi'r bwmbeili. Gwyddai'r cymdogion y cyfan. Meddai Elizabeth Parry, Llidiardau, â'i sillafu sigledig mewn llythyr at ei thad:

> The Vaughans of Crosswood are yet in Paris, now that he is out of Parliment he cannot appear in England because of his Crediters.[1]

Pan etifeddodd John Vaughan y stad yn 1820 yr oedd baich y dyledion yn anferth. Nid oedd ei fab hynaf, Ernest, yn help chwaith; yn 1827 cludwyd hwnnw i garchar y Marshalsea yn Llundain am na allai dalu ei ddyledion.

Yn 1823 eisteddodd ymddiriedolwyr Trawsgoed i lawr a rhestru'r holl ddyledion mewn llyfr sylweddol. Y mae'r rhestr yn llenwi 27 tudalen fras, a'r cyfanswm oedd £38,515 14s 3c. Yr oedd llawer o'r rhain yn ddyledion i fasnachwyr. Gallai bonheddwr gerdded i siop ac archebu'r hyn a fynnai heb dalu; gwyddai'r siopwr y byddai gair yn y glust iawn yn ddigon i gau ei fusnes. Wele restr o'r amrywiol fasnachwyr yr oedd John Vaughan, iarll Lisburne, yn ddyledus iddynt:

> groser, lletÿwr, canhwyllwr, fferyllydd, hadwr, twrnai, siop arddio, gwneuthurwr china, saer coets, cyfrwywr, bragwr, masnachwr gwin, teiliwr, llyfrwerthwr, gwerthwr papur, gwerthwr olew, gwneuthurwr sidan, gwerthwr gwlân, tafarnwr, banciwr, gof arian, hetiwr, dilledydd milwrol, rhaffwr, gwerthwr hosanau, gwerthwr glo, hetiwr merched, dyn ceffylau, athro ysgol, ceidwad stablau, plwmwr, gwerthwr crwbanau-môr,

---

[1] Diolch i Dr Jill Barber am y dyfyniad o lythyrau'r teulu Parry, Llidiardau, yn y Llyfrgell Genedlaethol.

gwerthwr haearn, gwneuthurwyr chwipiau a brwsys a menig, cigydd, argraffydd, gwydrwr, ffermwr, merser, tlyswr, gwneuthurwr losin, gwerthwr pysgod, cariwr, eurych, saer, crydd, brazier, gwerthwr caws, gof drylliau, athro dawns, gwerthwr cyfranddaliadau, gwneuthurwr trowsusau, dodrefnwr, gwneuthurwr watsys, gwas gwesty, milfeddyg, dyn newyddion, cipar, cogydd, cowper, gwneuthurwr persawr, gwneuthurwr les, gwerthwr hopys, gwneuthurwr ymbarél, meddyg, töwr, peintiwr, saer maen, arolygwr tir.

Rhyfedd yw gweld yr iarll yn cael benthyg arian gan was ystafell mewn gwesty, ac yn methu talu'r ddyled. Y mae nifer o'r crefftau a'r galwedigaethau uchod yn ymddangos droeon yn y rhestr; hynny yw, yr oedd yr iarll yn ddyledus i nifer o fancwyr, tafarnwyr ac ymlaen. Yr oedd rhai o'r dyledion unigol hyn yn sylweddol: £431 i Adam Murray yr arolygwr tir, £2,186 i'r gof arian, £291 i dafarnwr Pontarfynach. Yr unig ffordd y câi'r iarll wasanaeth gan y gof arian oedd gadael rhai o'i drysorau yno ar fechnïaeth, sef pedwar bwcedrhew arian.

Yn y llyfr cownt y mae adran arbennig ar gyfer dyledion etholiadol yr iarll; er iddo fod yn aelod seneddol am ugain mlynedd a mwy, dim ond unwaith yr ymladdodd etholiad (1812); eto bob tro yr oedd etholiad, byddai'n rhaid iddo ganfasio'r pleidleiswyr. Am eu cymorth adeg etholiad yr oedd yn ddyledus i:

athro ysgol, twrnai, gwerthwr bwyd, morwr, negesydd, cwnstabl, ysgrifennydd, argraffydd, dilladwr, gwerthwr papur, gwas stablau, saer, masnachwr gwin, cyfreithwr, labrwr, *bargeman*.

Yr oedd ganddo ddyledion i bedwar ar ddeg o dafarnwyr tref Aberteifi, a thafarnwyr eraill yn Adpar, Llanrhystud, Aberystwyth, Llanarth a Llangrannog. Cyfanswm y dyledion etholiadol oedd £3,353.

Y mae'n hawdd pasio barn ar ddyn sy'n methu cadw ei ben uwchben y dyfroedd er bod ganddo incwm o ddeng mil o bunnocdd y flwyddyn, ac nid oes dwywaith nad oedd John Vaughan, y trydydd iarll, yn ddyn gwan. Ond yr oedd wedi etifeddu dyledion sylweddol, a'r rheiny o sawl math. Dyledion arbennig o anodd oedd yr *annuities* a oedd yn ddyledus yn flynyddol. Byddai aelodau'r teulu, gweision a chydnabod yn disgwyl cael cymorth ariannol gan eu noddwyr bonheddig ar lun pensiwn, a'r ffordd fwyaf rhwydd a chyfleus o wneud hynny oedd addo swm blynyddol wedi ei godi ar incwm y stad. Rhan bwysig o swyddogaeth bonheddwr oedd gwario, a hynny'n helaeth ac yn gyhoeddus; disgwylid iddo fyw'n foethus, heb gyfri'r gost. Cas gan bawb oedd y bonheddwr cybyddlyd. Ond yr oedd adnoddau'r boneddigion Cymreig cefn gwlad yn llai o dipyn nag adnoddau eu cymheiriaid yn Lloegr; eto yr oedd yn rhaid iddynt ddilyn y ffasiwn, ailadeiladu a helaethu'r plas, teithio, gamblo, mynd i Lundain a Chaerfaddon, yfed yn ddiddiwedd a mwynhau breintiau eu statws.

Sut y gallai John Vaughan ddianc o'r fath bwll, lle'r oedd talu llog wedi dod yn straen sylweddol, heb sôn am dalu'r dyledion? Yr oedd y cyfnod heulog wedi mynd heibio, oherwydd yn ystod y rhyfel yn erbyn Ffrainc yr oedd incwm y stad wedi codi'n sylweddol (a chostau byw hefyd), ond yr oedd 1823, blwyddyn y cyfrifon a restrwyd uchod, yn argyfwng. Dyma rai ffigurau yn dangos incwm rhenti stad Trawsgoed:

1800	£3,754
1807	£7,458
1814	£11,734
1822	£10,200
1823	£4,077

Gan nad oedd y Vaughaniaid wedi manteisio ar y blynyddoedd breision, yr unig ddewis ar ôl oedd gwerthu. Gwerthwyd stad

Mamhead yn Nyfnaint, stad fu'n hoff gartref y teulu er 1770, a thiroedd yn Northumberland, ond yn lle clirio pob dyled, talodd yr iarll rai ohonynt yn unig, a dechrau gwario eto. Y mae'n wir fod John Vaughan, y trydydd iarll, ei fab Ernest a'i ŵyr, Ernest arall, wedi llwyddo i gadw'r llong rhag suddo; yr oedd incwm y mwynfeydd plwm yn help mawr, ond o'r 1880au ymlaen, pan ddarfu incwm y mwynfeydd, yr oedd yn rhaid gwerthu eto. Hyd yn oed wedyn yr oedd yr ieirll yn dal i fenthyca a gwario; cododd George Vaughan, y chweched iarll, asgell anferth newydd i'r plas yn 1891, a hynny trwy fenthyca arian gan y Gronfa Gwelliannau Amaethyddol (Agricultural Improvements Fund)! Ond George Vaughan, fu farw'n ifanc yn 1899, gan adael bachgen saith mlwydd oed, oedd yr etifedd. Yr oedd hirddydd haf y teulu a'r stad wedi machlud.

Teulu adnabyddus arall a ddioddefodd faich dyledion sylweddol oedd Poweliaid Nanteos. Pan etifeddodd William Edward Powell y stad yn 1797, ac yntau heb gyrraedd ei un ar hugain oed, cyfanswm dyledion Nanteos oedd £12,000. Yr oedd Thomas Powell, tad William, wedi penodi ymddiriedolwyr i weinyddu'r stad yn ystod ieuenctid yr etifedd. Un ohonynt, yn ddigon naturiol, oedd ei weddw, Eleanor, ond nid oedd hi'n addas i'r gwaith o gwbl; gwario oedd ei phleser mawr, a gwario a wnaeth. Er bod ganddi incwm o'r stad o £800 y flwyddyn, nid oedd yn ddigon; yr oedd am gael cartref yn Llundain a'i ddodrefnu'n chwaethus, ac am gael addysg dda i'r plant. Erbyn i William Edward Powell ddod i'w oed yn 1809, yr oedd y dyledion o £12,000 wedi tyfu i £20,000.[2]

Er i William ddod i'w oed, ni fagodd ddigon o synnwyr i'w gadw rhag llithro ymhellach byth i ddyled. Gwariai £5,000 y flwyddyn, er nad oedd ganddo ddim ond £2,500 y flwyddyn o incwm clir o'i stad. Yr oedd newydd briodi, a gwelai angen gwella'r fferm a gyflenwai anghenion y plas. Hoffai fynd i Gaerfaddon a

[2] Richard Moore-Colyer, 'Nanteos: A Landed Estate in Decline 1800-1930', *Ceredigion*, XI, 1 (1980), tt. 58-75, yw sail y paragraffau hyn.

Newmarket (lle cadwai ei geffylau rasys ei hun), a phrynodd stad Gelli Angharad am £6,000. Y peth cyntaf a wnaeth â'i stad newydd oedd codi £4,000 o forgais er mwyn clirio dyledion lleol, ond yr oedd cyfanswm ei ddyledion yn uwch o lawer na hynny, ac yr oedd rhai o'r gweision a'r asiantau a gyflogodd yn garnladron.

Erbyn 1813 yr oedd William Powell yn dechrau teimlo'r esgid yn gwasgu; gwerthodd ei geffylau rasys, ac ysgrifennodd lythyron at ei fam yn gofyn iddi dorri i lawr ar ei gwariant – Satan yn ceryddu pechod yn wir. Gorfu i'w fam symud i Ffrainc i osgoi ei chredydwyr, ond daliodd i wario'n helaeth. Priododd ei merched, chwiorydd William Powell, yn annoeth iawn. Dewis Ellen Powell oedd Sais yr oedd gwerth ei holl stad yn hanner swm ei ddyledion, a dewis Anna Maria oedd Roderick Richardes, Pen-glais, dyn a ddisgrifiwyd (yn hollol gywir) gan Mrs Powell fel 'a Fool, Coward and Blackguard', ac a oedd mewn dyled at ei glustiau.

Erbyn 1823, fel yn Nhrawsgoed, felly yn Nanteos, yr oedd hi'n argyfwng. Cyfanswm incwm y stad oedd £8,166. Dyledion y stad oedd £58,000, ac roedd yn rhaid talu bron £3,000 mewn llog bob blwyddyn. Ym mis Tachwedd daeth gweision y siryf i feddiannu Nanteos nes i'r stad dalu rhai o'r dyledwyr, a thrwy werthu tiroedd yn Llanbryn-mair, daeth £14,000 i achub y sefyllfa dros dro.

Dirywiodd cyflwr ariannol Nanteos yn gyson. Yr oedd William Powell yn aelod seneddol ac yn arglwydd-raglaw, swyddi pwysicaf y sir, a disgwylid iddo estyn croeso i bawb. Yr oedd yn ddyn haelfrydig, yn barod iawn i roi ei law yn ei boced, ond yn y bôn gwario arian pobl eraill, sef ei gredydwyr, a wnâi. Ni rwystrodd hyn ef rhag gwario £3,000 i wella'r plas yn 1847, a phan fu farw gadawodd ddyledion sylweddol iawn. Er gwaethaf ymdrechion William Beauclerk Powell o 1881 ymlaen, yr oedd yn rhy ddiweddar; yr oedd amaethyddiaeth dan gwmwl economaidd, a'r pyllau mwyn plwm wedi cau. Erbyn 1898 nid oedd ond 4,336 o erwau ar ôl o stad a gynhwysai tua 30,000 o erwau ar un adeg.

Thomas Johnes: gwariwr, dyledwr, ond bonheddwr o argyhoeddiad!

Llun: Llyfrgell Genedlaethol Cymru.

O'r holl blasau yng Ngheredigion gynt, yr enwocaf oedd Hafod Uchdryd, rhwng 1780 ac 1815, pan oedd Thomas Johnes yn ei berchen. Yr oedd gan Johnes adnoddau sylweddol wrth gefn, oherwydd yr oedd ganddo stadau eraill. Yn anffodus, nid yw archif Hafod wedi goroesi, ac felly nid yw'r manylion ar gael fel yn achos Nanteos a Thrawsgoed. Ond yr oedd diffyg arian parod yn broblem barhaol i Thomas Johnes, er nad oedd yn gadael i hyn ei boeni ryw lawer. Y mae gohebiaeth Lewis Evans, curad Llanfihangel-y-Creuddyn a'r Eglwysnewydd, yn dangos hynny. Cyflog curad Eglwysnewydd, sef eglwys Hafod, oedd £16 y flwyddyn, eto bu'n rhaid i Lewis Evans aros am flynyddoedd cyn gweld ceiniog. Yr oedd ei frawd, John, yn cadw siop dillad a defnyddiau yn Llundain, a gyrrai archebion Lewis gyda'i lythyron at ei frawd. Rhaid oedd eu cyflenwi, wrth gwrs, ond ble oedd yr arian?

Yr oedd Thomas Johnes wedi gwario ar raddfa sylweddol o'i ieuenctid; ei dad trwy ei briodas wedi dod yn sgwïer Castell Croft a chanddo £70,000. Yr oedd Johnes wedi crynhoi dyledion o £30,000 erbyn 1792, a daliai i wario'n helaeth. Bu'n rhaid iddo werthu sawl rhan o'r stadau eang yr oedd wedi eu hetifeddu er mwyn dal i addurno Hafod, ac o 1800 ymlaen wynebai broblemau cyfreithiol parhaus. Yn 1805 bu'n rhaid i'r siryf yrru'r bwmbeilis i feddiannu Hafod, a bu'n rhaid i Lewis Evans berswadio gweithwyr Thomas Johnes (a oedd oddi cartref ar y pryd) i beidio ag amddiffyn y plas rhag grym y gyfraith. Erbyn 1813, ac yntau'n 65 oed a heb etifedd, penderfynodd werthu Hafod er mwyn codi digon o arian i dalu ei ddyledion a byw'n gyffyrddus. Cafodd brynwr, a symudodd i fyw i Ddyfnaint yn 1815, ond bu farw'r flwyddyn wedyn, gan adael swm sylweddol fel na fu'n rhaid i'w weddw boeni am arian.[3]

Go brin fod unrhyw deulu bonheddig yn y sir nad oedd rywdro wedi dioddef dan faich dyled. Yr oedd stad Gogerddan mewn dyfroedd dyfnion iawn erbyn ail hanner y ganrif ddiwethaf; gorfu i Syr Pryse Pryse gael benthyg mil o bunnoedd gan Thomas Jones, Aberystwyth, y gwneuthurwr rhaffau, ond ni rwystrodd ei gyfyngder ef rhag prynu stad y Dywarchen oddi wrth iarll Lisburne am £10,000 yn 1880. Gwariodd teuluoedd Gogerddan a Thrawsgoed yn sylweddol ar eu plasau pan oedd arian yn brin; fel y gwelsom, benthyciodd y Vaughaniaid gan y Gronfa Gwelliannau Amaethyddol (Agricultural Improvements Fund) i wneud hynny. Yr oedd teulu Richardes, plas Pen-glais, yn ddiarhebol am wario'n ddibryder. Protestiai Roderick Richardes yn ffyrnig am na fedrai fyw ar £420

---

[3] Am ddadansoddiad o broblemau ariannol Johnes, gw. Richard Moore-Colyer, *A Land of Pure Delight* (Gomer, 1992), tt. 52-58.

y flwyddyn, ac yr oedd yn dweud math o wirionedd – ni *allai* fyw yn y modd y disgwylid i rywun o'i statws ef wneud.

Yr oedd ambell deulu wedi plygu'n gynnar o flaen y gwyntoedd oer. Pan ddadfeiliodd plas Abertrinant, Llanfihangel-y-Creuddyn, yn ail hanner y ddeunawfed ganrif (ac incwm y stad yn £597 y flwyddyn), nid oedd Thomas Lloyd am wingo yn erbyn y symbylau, a symudodd i fyw i Gogerddan, gan adael i'r plas ddiflannu; heddiw nid oes maen ar faen i ddangos lle bu. Pan fu farw ei fab, Richard, ficer Llanbadarn Fawr, pasiodd y stad i'w chwaer, a gwerthwyd y ffermydd i gyd, ar wahân i Abertrinant ei hun, yn 1830. Rhoddai hynny gyfle i eraill, wrth gwrs. Asiant Abertrinant oedd Thomas Jenkins; yn 1830 prynodd ffermydd Tan-llan a Dolfadog, ac maent o hyd yn eiddo i'w ddisgynyddion.

Os oedd y boneddigion mewn dyled yn barhaus, roedd yn waeth ar y gwreng. Ni allai'r tlotaf freuddwydio am fynd i ddyled am nad oedd ganddynt fawr ddim adnoddau; ni werthai neb ddim iddynt ar goel. Gweithiai morynion a gweision fferm am eu cadw a rhyw damaid dros ben. Gweithiai eraill fel tenantiaid fferm, yn y mwynfeydd, ar y môr ac yn y cyw-ddiwydiant ymwelwyr, ac yr oedd, wrth gwrs, haen o fasnachwyr, siopwyr a dynion proffesiynol megis twrneiod. Y mae Dr Jill Barber wedi cribo papurau'r teulu Parry, Llidiardau, Llanilar. Cyfreithwyr oedd y teulu hwn, ac roedden nhw'n gorfod trafod problemau dyled yn aml.[4] Un o arfau'r sawl oedd yn rhoi benthyg i eraill oedd yr ymrwymiad *bond*; mi'n cael can punt gennych chi, ac yn addo eu talu'n ôl erbyn y dydd-a'r-dydd; pe methaf, ystyr yr ymrwymiad fydd imi fod yn eich dyled o ddau gan punt!

Yr oedd capteiniaid llong yn gorfod bod yn hirben iawn i osgoi dyledion llethol. Yr oeddynt yn gyfranddalwyr yn eu llongau

4 Jill Barber, 'The Problem of Debt: the papers of Charles Parry, Solicitor 1844-1855', *Cylchgrawn Llyfrgell Genedlaethol Cymru*, XXVIII, 2 (Gaeaf 1993), tt. 197-217.

(weithiau'n unig berchenogion), a rhan o'u cyfrifoldeb oedd chwilio am lwythi i'w cario o borthladd i borthladd, a'r gystadleuaeth gan gapteiniaid eraill bob tro yn ffyrnig. Yn 1851 yr oedd John Lewis, capten llong o'r Borth, wedi derbyn llwyth o lo yn Iwerddon gan addo ei gario yn ei long i Gernyw. Hwyliodd o'r porthladd, ond yr oedd y gwynt yn ei erbyn, a phedair gwaith bu'n rhaid iddo droi'n ôl i'r porthladd, ac yntau'n talu cyflogau a chostau'r criw trwy'r adeg. O'r diwedd bu'n rhaid iddo werthu'r glo mewn porthladd arall yn Iwerddon, a hynny ar golled; pan ddychwelodd, yr oedd perchenogion eraill y llong hefyd yn wynebu colled.

Yr oedd siopwyr a mân fasnachwyr bob amser yn agored i golledion oherwydd eu noddwyr bonheddig. Ni allai siopwr wrthod gwerthu i'r gwŷr mawr, ond gan na fynnent dalu eu dyledion, yr oedd yr hwch yn debyg o fynd trwy'r siop. Byddai rhai yn cadw'r siopwyr i ddisgwyl am flynyddoedd cyn eu talu, ac ni ddisgwylient dalu llog. Ar yr un pryd yr oedd y cyfanwerthwyr yn disgwyl cael eu talu'n brydlon. Yr oedd Sais o'r enw Careswell yn denant tafarn y Bull and Mouth, Aberystwyth, yn 1847. Prynasai winoedd a gwirodydd i'w gwsmeriaid, ond yr oedd nifer o'r rheiny'n byw ar goel, naill ai'n methu talu neu'n diflannu heb dalu. Yr oedd tipyn o'r bai ar Careswell ei hun; ychydig oedd elw'r dafarn ar y gorau, a chostau ei deulu yn uwch o dipyn na'r incwm y gallasai ei ddisgwyl.

Byddai rhai'n dadlau bod tenant fferm mewn sefyllfa ychydig yn well na siopwr; pan na fedrai dalu'r rhent yn gyflawn, byddai'r perchennog yn dewis disgwyl yn hytrach na mynd i'r drafferth o droi'r tenant allan, a chael enw drwg yn y broses. Ond yr oedd anwadalrwydd prisiau amaethyddol yn broblem gyson; crafai'r ffermwyr ymlaen heb deimlo y gallent fuddsoddi yn eu ffermydd gan mai'r meistr tir fyddai'n elwa ar ddiwedd y denantiaeth, fwy na thebyg. Ni allai'r meistri tir fforddio gwella'r ffermydd am nifer o resymau, ond yn bennaf oherwydd ansefydlogrwydd incwm.

Diwedd tenantiaeth aflwyddiannus oedd y troi allan, a gwerthu stoc i dalu'r dyledion. Temtiwyd rhydd-ddeiliaid i forgeisio'u tiroedd, a thrwy'r dull hwnnw drwy'r canrifoedd yr oedd maint y stadau mawr wedi cynyddu, a nifer y rhydd-ddeiliaid wedi lleihau. Gallai'r gwŷr mawr werthu rhannau o'u stadau heb, o reidrwydd, fynd i'r wal, ac yr oedd llawer ohonynt wedi gwneud eu gorau i sicrhau incwm arall gan y mwynfeydd plwm a'r degwm eglwysig. Nid oedd dihangfa felly i'r dynion bychain. Edrydd Jill Barber hanes William Green, dilladwr o Aberaeron. Pan aeth ei fusnes i'r wal, aeth yn fyfyriwr i Goleg Dewi Sant, Llanbedr Pont Steffan, i'w hyfforddi'n offeiriad. Ond dilynodd ei ddyledion ef, ac erfyniodd ar Charles Parry i'w achub rhag ei gredydwyr:

If not I have nothing but to suffer, for I have no friends that would ever assist me with a penny for they are all as *poor as rats* and so am I.

Carchar oedd diwedd rhawd llawer o ddynion anffodus, er y byddai'n well gan y llysoedd methdalwyr drefnu bod dyn anffodus yn talu'n ôl i'w gredydwyr, hyd yn oed pe cymerai hynny amser maith. Ond yr oedd ambell gredydwr yn ddigon milain i ddewis taflu'r dyn anffodus i garchar, lle na allai wneud dim i wella ei fyd. Y mae peth tystiolaeth bod gwarcheidwaid y tlodion yn cadw ambell ddyledwr o'r carchar pan oedd yn fater o ychydig bunnoedd trwy wario arian y trethdalwyr, ond go brin y digwyddai hynny'n aml, hyd yn oed mewn plwyfi bychain lle'r oedd pawb yn adnabod ei gilydd.

Pan fyddai'n rhaid i ddyn fynd yn fethdalwr, byddid yn gwerthu ei eiddo bron i gyd, gan adael dim ond y pethau mwyaf elfennol, megis ychydig o ddillad, gwely a chynfasau. Pan ddatganwyd bod Francis Careswell o'r Bull and Mouth yn Aberystwyth yn fethdalwr, prynwyd ei ddillad gan ddyn o Ynys Manaw, a diflannodd hwnnw gyda'r dillad heb dalu amdanynt. Gallai dyn, a'i deulu, ddiweddu yn y wyrcws; dyna dynged dynion a menywod na fu ganddynt fawr ddim ar hyd eu hoes, megis labrwyr, morynion a gweddwon tlawd.

Ni ddylem ni heddiw edrych yn ôl ar broblemau dyled yr oes a fu a chondemnio'r holl gyfundrefn. Yr ydym ninnau heddiw yn byw mewn cymdeithas sy'n dibynnu ar goel i raddfeydd na fyddai ein cyndeidiau'n medru eu dychmygu; y mae modd i ni wario a phrynu ymhell y tu hwnt i'n hadnoddau. Ond banciau, tai credyd a chymdeithasau adeiladu sy'n dwyn baich ein dyledion, ac y mae eu helw, eu hadnoddau a'u hyswiriant yn eu cadw rhag cyflafan. Serch hynny, bydd unrhyw siopwr neu fasnachwr sy'n darllen y geiriau hyn yn gyfarwydd iawn â phroblem y rhai sy'n hwyrfrydig i dalu. Yn y dyddiau gynt, y boneddigion oedd y broblem, ond heddiw y cwmnïau mwyaf, sefydliadau megis prifysgolion ac adrannau'r llywodraeth, sy'n hwyrfrydig i dalu, ac ni all eu credydwyr wneud dim ond rhincian dannedd.

PENNOD 16

HELYNTION BYWYD AR Y MÔR

Yr oedd hi'n gyfyng iawn ar y Capten Thomas Davies a chriw'r
llong hwylio *Venus* o Aberystwyth am bump o'r gloch y bore, 8
Mehefin 1857. Yr oedd y llong 41 tunnell wedi hwylio o Gaernarfon
i Aberdyfi â llwyth o gerrig calch, ond cododd storm ym Mae
Ceredigion, a gyrru'r *Venus* o'i blaen. Bwriad gwreiddiol Thomas
Davies oedd cyrraedd aber afon Dyfi, ond lle peryglus iawn fu
hwnnw erioed oherwydd y bar, sef y lle bas yn union y tu allan i'r
aber. Gwaetha'r modd, bu'n rhaid disgwyl pum awr eto i'r llanw,
ond ni allai'r *Venus* wrthsefyll y storm. Anelodd y capten at y traeth
rhwng Ynys-las a'r Borth, a tharo'r gwaelod cyn cyrraedd y lan.
Dechreuodd y llong dorri'n ddarnau, felly neidiodd Thomas Davies
i'r tonnau i geisio cyrraedd y traeth, tra glynai'r criw wrth y
rhaffau. Dihangodd y capten, ond diflannodd y criw i gyd yn
rhyferthwy'r môr.[1]

   Gwae'r bachgen ifanc tlawd o Gardi erstalwm pan fyddai'n
amser iddo ddewis gyrfa; rhaid oedd dewis rhwng tlodi'r tir,
diflastod y gwaith mwyn plwm a pheryglon enbyd y môr. Y mae
mynwentydd pentrefi glan môr sir Aberteifi yn llawn cerrig beddau
a chofebau i feibion, gwŷr a thadau a gollwyd. Isel iawn oedd eu

---

[1] Oni nodir yn wahanol, y mae'r ffeithiau yn y bennod hon yn ffrwyth ymchwil
yng Nghofrestri Llongau Porthladd Aberystwyth yn Swyddfa Cofnodion
Ceredigion, Aberystwyth, ac yn y llyfrau cofnodion llongau yn y Llyfrgell
Genedlaethol. Gw. Gerald Morgan, 'The Wrecking of Aberystwyth Ships', *Cymru
a'r Môr/Maritime Wales*, 16 (1994), tt. 9-19.

cyflogau, oherwydd y gystadleuaeth barhaol rhwng y capteiniaid a'i gilydd am nwyddau i'w cario o borthladd i borthladd, a salw iawn oedd y bwyd. Byddai bachgen yn ymuno â llong am y tro cyntaf fel prentis, a hynny pan oedd mor ifanc â deg neu ddeuddeg oed. Yn aml iawn fe fyddai'n gocyn hitio i'r holl griw, wedi iddynt hwythau yn eu tro fwrw'r un brentisiaeth greulon. Byddai aelodau cyflawn y criw yn arwyddo am un fordaith yn unig, a gallent ymadael yn y porthladd cyntaf, ond byddai'n rhaid i'r prentis wasanaethu ei amser.

Yn ystod haf 1866 ymunodd Isaac Hughes, llanc pymtheg oed o Aberystwyth, â'r *Lois*, llong ddau gan tunnell a hwyliodd o Aberystwyth yn ystod haf 1866. Ar 22 Medi, ymhell oddi cartref yn ne Iwerydd, am bedwar o'r gloch y bore, syrthiodd Isaac i'r môr. Clywodd y capten ef yn sgrechian yn y dŵr, taflodd raff i'r tywyllwch a throdd y llong yn ôl. Lansiwyd cwch, ond yr oedd yn dywyll, ac ofer fu'r ymdrech, fel y byddai gan amlaf; nid oedd fawr o obaith i neb a syrthiai i'r tonnau, hyd yn oed yn ystod y dydd. Rhestrodd y capten eiddo personol y bachgen:

Wages due when he was drowned £2.2.3. List of Effects on board. 3 Flannel Shirt 3 Pair of Drawers 4 Pair of Towsers 2 Jackets 2 Cravats 2 Jumpers 4 Pair of stockings 1 Pair of Shoes half Bar of Soap, 1 Cap, 1 Counterpane and Blanket Suit of Oilskins and a Bag of Sundries 3 Tin Pot and Plate 3 Testament, Bible, Arithmetic Third reading Spelling Book Moral Courage and other small Books besides 1 Bed Ticken [= matras] and a Clothe Bag.

Druan ag Isaac Hughes; mae'n amlwg o'i lyfrau ei fod yn fachgen a obeithiai ddod ymlaen yn y byd trwy ei addysgu ei hun. Yr arfer mewn achos o'r fath fyddai i'r capten roi adroddiad i'r Meistr Llongau yn y porthladd nesaf, a chael caniatâd i gynnal ocsiwn ar eiddo'r marw, er mwyn i'r capten ddychwelyd yr arian i deulu'r

dyn marw. Yn achos Isaac Hughes, gofynnodd y capten i'r Meistr
am ganiatâd i gadw'r eiddo a'i ddychwelyd i'w rieni, gan ei fod yn
eu hadnabod.

Dengys marwolaeth Isaac Hughes ochr galetaf bywyd y morwr,
ond yr oedd helyntion digrif yn digwydd hefyd. Dri mis wedi boddi
Isaac, ysgrifennodd y capten baragraff yn llyfr y fordaith sy'n
werth ei ddyfynnu yn y Saesneg gwreiddiol:

At 7.15 I was in the cabin I heard John Thomas the cook
hollowing out as hard as he could *go to hell* I run on Deck I
told him to go below if he could not do his Work without
cursing and swearing and that I would not pay him any more
wages. Afterwards I called Lewis Stephen Lewis my Boatswain
to enquire what was the matter he told me that the Beef was
placed on the pigs house he shifted the Beef on the gunwale of
the Boat for to clean under the Pigs house the Beef fell on
deck and the Boy took it in to the Galley and the Cook began
to curse the Boy for taking it into the Galley so Lewis S Lewis
told him it was no place to keep the Beef on top of the Pigs
house. So the cook told Lewis S Lewis to go to Hell that he
would not be hambug by the like of him.

Bachgen llawer mwy ffodus nag Isaac Hughes oedd William
Stephen, prentis ar y sgwner *Priscilla*, o Aberystwyth. Yr oedd y
Priscilla'n cario ceirch o Donegal i Gaerloyw yn ystod Mehefin
1845 pan gododd storm ger Ynys Bŷr, sir Benfro, a dymchwel y
llong. Llwyddodd y criw, y capten, ei wraig a'u plentyn i ddal eu
gafael ar ystlys y llong nes daeth y *Susannah*, o Whitehaven, heibio
a thaflu rhaff. Cydiodd y bachgen, William, yn y rhaff, a dringo i'r
Susannah yn ddiogel, ond gwrthododd y lleill fentro, a buont feirw
oll.

Llong anlwcus arall, ond nid mor anffodus â'r *Priscilla*, oedd y
George Reynolds o Aberystwyth. Yn ystod gaeaf 1866/67 yr oedd
hi wedi hwylio o Gaerdydd i Smyrna yn y Môr Canoldir. Cyn i'r

165

llong adael cyffiniau Caerdydd yr oedd un o'r criw wedi cwympo'n ddisymwth o'r rhaffau i'r bwrdd, a marw. Hwyliodd y *George Reynolds* ymlaen, ond cyn hir yr oedd problem yn y gali, lle câi'r bwyd ei baratoi. Llosgodd y cogydd y cawl pys, a daeth at y capten, William Williams, a chrefu am gael ei ryddhau o'i gyfrifoldeb. Cydsyniodd y capten, a rhoi un o'r morwyr eraill yn ei le. Ni chawn wybod faint gwell oedd y cogydd newydd, ond daeth helyntion eraill i boeni'r capten. Yn Smyrna, meddwodd un o'r morwyr, John Jones, yn gaib. Ciciodd y bwcedi ar hyd bwrdd y llong, tynnu ei gyllell, dechrau torri'r rhaffau, a thaeru y lladdai unrhyw un a ddeuai'n agos ato. Gadawyd iddo gysgu'r nos i leddfu ei ddicter, ond trannoeth roedd yn feddw eto, a chynigiodd ymladd â'r capten. Erbyn i'r llong gyrraedd porthladd Berbice yn Ne America, yr oedd y mêt, Richard Mellory, wedi meddwi'n gorn ers wythnos, a bu'n rhaid ei ddiswyddo.

Blwyddyn anodd fu 1867 i longau Aberystwyth. Ddiwedd y flwyddyn hwyliodd y *Panthea*, 297 tunnell, o Fryste i Fadras. Henry Pritchard oedd y cogydd, ond wedi tri mis o'i fethiannau cogyddol, trowyd ef o'r gali gan y capten John Jones 'am na fedrai gyflawni ei ddyletswyddau fel cwc a stiward wedi ymdrechion niferus'. Y mae dyn yn arswydo wrth ddychmygu'r hyn a ddioddefodd y criw cyn i'r capten anobeithio a throi Henry Pritchard o'i swydd.

Ysgol brofiad arw iawn fu'r môr erioed, a'i disgyblion yn arw o'r herwydd. Ymladd, meddwi, dal clwyfau gwenerol, diflannu yn y porthladd, perygl boddi; dyna ond y problemau amlycaf yn eu plith. Yn 1867 yr oedd yr *Ivor* o Aberystwyth, 109 tunnell, wedi hwylio o Lerpwl i'r Azores gyda chriw neilltuol o annisgybledig. Erbyn dydd Sul 24 Tachwedd yr oedd y capten, Evan Phillips, yn ofni tywydd drwg, a gorchmynnodd i'r criw dynnu'r hwyl flaen i mewn a chlirio'r bwrdd. Gwrthododd Charles Clements, morwr o Lundain, wneud hynny ar y Sul. Gellid tybio ei fod yn ddyn crefyddol, ond yr oedd ei iaith wrth y capten yn anghristnogol iawn.

Manylyn o ddarlun J. C. Ibbetson o harbwr Aberystwyth.
Llun: Llyfrgell Genedlaethol Cymru.

Wedi cyrraedd yr Azores, dechreuwyd dadlwytho'r llong, eto ar ddydd Sul, 31 Tachwedd; unwaith eto gwrthododd Clements weithio ar ddydd yr Arglwydd. Camgymeriad fu hynny; aeth y capten at y Conswl Prydeinig, a charcharwyd y gwrthryfelwr am wythnos. Y cogydd ar yr *Ivor* oedd James Maclaughlin o Gaeredin, brawd yn yr ysbryd i Clements. Rhoes y mêt orchymyn iddo lanhau'r caban, ond gwrthododd, gan olchi ei ddillad ei hun, a rhegi'r swyddog. Pan wysiwyd Maclaughlin i olchi bwrdd y llong, gwrthododd eto, ac ymroi i ddarllen ei lyfr! Am weddill y fordaith ni wnaeth Maclaughlin ddim a ofynnwyd iddo, a hynny heb dderbyn cosb o unrhyw fath.

Dynion garw oedd llawer o'r morwyr, ac nid yw hynny'n syn o gofio am yr amgylchiadau cyfyng a diflas ar fôr. Cysgent ym mhen blaen y llong heb fawr o le a dim mymryn o breifatrwydd, a byddai pob storm yn gwlychu eu gwelyau a'u dillad. Yr oedd y bwyd yn ddiflas a'r dŵr yn amheus. Nid yw'n syndod bod disgyblaeth yn

broblem. Pan gyrhaeddodd y *Lettice Catherine*, Ceinewydd, borth-
ladd Llundain yn Chwefror 1863, gwelodd y capten fod y cogydd-
stiward, John Parry, wedi dwyn dwsin o boteli o *champagne*, eu
hyfed, a meddwi'n gaib. Ei gosb oedd cael ei symud o'i swydd
fanteisiol i fod yn forwr cyffredin, gan golli coron y mis o'i gyflog.

Meddwyn arall oedd William Lewis, aelod o griw yr *Ann Warren*,
Ceinewydd. Ym mhorthladd Alicante yr oedd Lewis wedi meddwi'n
chwil, wedi dychwelyd i'r llong i gysgu ac wedi codi'r nos a mynd
ar y bwrdd i basio dŵr i'r môr, ond cwympodd i'r harbwr a boddi.
Mynnai rhai capteiniaid bod eu llongau'n 'sych', ond yr oedd eraill
yn barod i'r criw iro'u gyddfau. Yn llyfr cownt y brig *Renown*,
Aberystwyth, nodir yn gyson symiau ar gyfer 'sea store', sef
gwirodydd megis chwisgi. Problem arall a effeithiai ar ddisgyblaeth
llongau, mae'n siŵr, oedd clefydau gwenerol, ond prin iawn yw'r
cyfeiriadau atynt yn llyfrau'r llongau, er bod llyfr y *Clarissa*,
Aberystwyth, yn nodi yn 1867 bod un o'r morwyr yn methu â
chyflawni ei ddyletswyddau oherwydd y salwch hwnnw.

Yr oedd De America'n lle eithriadol o beryglus i longau a
morwyr. Yn mhen eithaf y cyfandir y mae penrhyn yr Horn; yno
chwyth gwyntoedd cryfion dros y cefnfor i'r dwyrain a'r gorllewin,
ac mae lloches yn brin. Yn y trofannau yr oedd clefydau niferus yn
lladd morwyr fel pryfed. Hwyliodd yr *Ann and Mary*, sgwner o
Geinewydd, o Lerpwl i Nickerie, Dutch Guyana, yn 1863. 'Arfordir
y Dwymyn', y 'Fever Coast', oedd enw'r morwyr ar yr ardal. O'r
criw o naw a oedd ar y llong, bu farw'r capten, y cogydd, a dau o'r
morwyr o fewn ychydig ddyddiau. Yr oedd y mêt yn frawd i'r
capten, ac yn ei helbul hwyliodd hwnnw'r llong o'r porthladd heb
fwy na'r pedwar morwr arall oedd yn weddill o'r criw ar ei bwrdd.
Nid dyna ddiwedd y gyflafan; cwympodd y mêt i'r môr a boddi –
tybed ai ei ladd ei hun a wnaeth? Llwyddodd y pedwar morwr i
droi'r llong yn ôl i Nickerie lle y penodwyd Sais, Charles Henry
Marshall, yn gapten, a daeth y llong adref heb ragor o helynt.

Tynged eithriadol a ddaeth i ran yr *Alciope*, 638 tunnell, a gofrest-rwyd yn Aberystwyth. Yn 1851 yr oedd yn hwylio o Calcutta i Lerpwl, ond cyn iddi gyrraedd arfordir Affrica, fe'i trawyd gan fellten a'i llosgi, ond achubwyd y criw i gyd. Llong fawr arall a gofrestrwyd yn Aberywyth oedd y *Tamerlane*, 493 tunnell. Ni fyddai modd i'r llongau hyn ddod i borthladd Aberystwyth, ac mae'n amheus a welwyd hwy ym Mae Ceredigion o gwbl, ond Cardis oedd eu perchenogion. Beth bynnag, ym Mai 1848 yr oedd y *Tamerlane* wedi ei dal gan storm ym Mae Biscay, ac ysgubwyd pedwar o'r criw i'r môr. Boddodd y pedwar ac yr oedd cyflwr y llong yn enbydus. Penderfynodd y capten adael ei long i'w thynged, a dihangodd ef a gweddill y criw yn y cychod, i gael eu hachub gan long o Ffrainc.

Y mae modd darganfod yr hanesion erchyll hyn mewn sawl man: yng nghofrestri'r porthladdoedd, yn llyfrau cofnodion y capteiniaid, yn y papurau newydd, ac yng nghyhoeddiadau Lloyds, ym mhen-cadlys y cwmni yswiriant yn Llundain. Yn 1846 derbyniodd Lloyds neges hynod iawn a roddwyd gan lysgennad Ffrainc yn Llundain. Yr oedd rhyw Ffrancwr wedi dod o hyd i botel ar draeth rywle yn ei wlad, a nodyn ynddi'n dweud bod y *Rhydol*, llong o Aberystwyth, wedi ei dal mewn iâ ym Môr Iwerydd ym mis Mai y flwyddyn gynt. Yn ffodus, yr oedd tynged y *Rhydol* eisoes yn wybyddus; yr oedd y criw a'r teithwyr wedi gadael y llong mewn cychod, ac wedi cael eu hachub ymhell cyn i'r botel gyrraedd arfordir Ffrainc.

Nid oedd llongau o borthladdoedd Ceredigion yn ddiogel yn unman. Drylliwyd rhai ar ochr arall y byd, megis y *Strata Florida*, un o longau'r saer gorau yn y bae, John Evans o Aberystwyth; daeth ei diwedd yn Rangoon, Burma, yn 1875. Drylliwyd y *Sarah Phillips* yn East London, De Affrica, yn 1871, a'r *Lady Pryse* ym Mhenrhyn Gobaith Da yn 1882. Dymchwelwyd yr *M. A. Evans* o Aberaeron ger Buenos Aires yn 1884. Y llong fwyaf a gofrestrwyd yn Aberystwyth erioed oedd y *Ralph Waller* (1,054 tunnell), a adeiladwyd yng Nghanada yn 1854 ar gyfer perchenogion o Aberystwyth. Hwyliodd i Callao yn 1855, ac ar ei ffordd adref fe'i collwyd.

Ond am bob llong a ddrylliwyd ym mhellafoedd byd, collwyd nifer yn nes adref. Bae Ceredigion, Ynysoedd Tudwal, creigiau Penfro, Cernyw, Môr Udd, Tywodydd Goodwin, a holl benrhynau Iwerddon – fe welsant longau'n suddo a morwyr di-rif yn boddi, llawer ohonynt o borthladdoedd Ceredigion. Hwyliai ambell long i ffwrdd gan ddiflannu'n gyfan gwbl, a neb yn clywed gair o'i hanes byth wedyn, megis y sgwner *Picton* o Aberystwyth, a hwyliodd o Gaergybi i Belfast yn Ebrill 1839. Dyna'r tro olaf i neb ei gweld. Y storm unigol enbytaf yng nghof pobl y glannau oedd storm y *Royal Charter*, 25 Hydref 1859, pan ddrylliwyd 134 o longau a cholli 1,250 o fywydau ym moroedd gorllewin Prydain. Bu llanast llwyr ar hyd arfordir Cymru. Dioddefodd Ceinewydd yn dost; gwnaed niwed i bedair ar ddeg o longau'r porthladd, ond dim ond un dyn a foddwyd. Blwyddyn nodedig arall oedd 1861, pan ddrylliwyd 721 o longau o gwmpas arfordir Prydain.[2]

Hawdd fyddai credu bod cyflafan yn digwydd ar bob mordaith, ond doedd hynny ddim yn wir. Eto, yr oedd angen bod ar wyliadwriaeth barhaus a chael digonedd o lwc i oroesi. Lansiwyd y brìg *Renown*, 82 tunnell, yn Aberystwyth yn 1816, a hwyliodd y moroedd yn bur ddidrafferth hyd 1841. David Julian fu ei chapten o'r dechrau i'r diwedd, ac ymhlith lleoedd eraill fe hwyliodd i Waterford, Galway, Sligo, Cork, Wexford, Ballyshannon a Dulyn yn Iwerddon, i Lerpwl, Preston, Bryste, Poole a Llundain yn Lloegr, i Gasnewydd ac Aberdyfi yng Nghymru, ac i Glasgow, Clyde a Greenock yn yr Alban. Cludai'r *Renown* haearn, glo, ceirch, halen, gwenith, llechi a gwêr o borthladd i borthladd, heb fawr o drafferth.

---

[2] S. C. Passmore, *Farmers & Figureheads: the Port of New Quay and its Hinterland* (Cyngor Sir Dyfed, 1992).

Collodd hwyl un tro, a tharo llong arall ym mhorthladd Lerpwl, fel y bu'n rhaid talu chweugain 'for damage dun by us', chwedl David Julian yn ei lyfr cofnodion. Ddwywaith fe hwyliodd y *Renown* i'r cyfandir; unwaith i Ostend, ac unwaith yr holl ffordd i St Petersburg, gan aros yn Elsinore, Denmarc, ar y ffordd i brynu bwyd a diod – a'r ddiod yn cynnwys gwirodydd, wrth gwrs. Ni ddaeth helynt difrifol, hyd y gwyddom, tan 1840, pan olchwyd mab y capten oddi ar fwrdd y *Renown* ar fordaith rhwng Galway a Portsmouth. Daeth ergyd waeth byth ar daith o Poole (Dorset) i Lerpwl ym mis Hydref 1841. Cododd storm, a chollwyd y llong ynghyd â David Julian a'i griw i gyd.[3]

Un o'r mordeithiau hynotaf a wnaeth unrhyw long o sir Aberteifi oedd taith y brìg *Hetty Ellen* i Affrica yn 1861.[4] Llong 189 tunnell oedd hon, a adeiladwyd yn Llanelli yn 1860 a'i chofrestru yn Aberystwyth gan berchenogion o Geinewydd. Wedi ychydig ymweliadau â Gibraltar, Huelva a Lerpwl yn cario nwyddau amrywiol, hwyliodd i Glasgow yn 1861. Yno fe welodd un o gyfeillion David Livingstone hi, a'i llogi i gario nwyddau i'r cenhadwr, a fuasai wrthi eisoes yn arloesi ar hyd afon Zambesi. Yr oedd y llwyth a roddwyd yn howld yr *Hetty Ellen* yn un arbennig iawn. Heblaw am gannoedd o gasgenni, tuniau a bocsys yn llawn bwydydd, olew, gwn-saethu-adar a llwythi o baent, yr oedd yno long gyfan! Hynny yw, yr oedd cefnogwyr Livingstone, gyda'r arian a enillasai efe o'i lyfrau am ei brofiadau, wedi prynu llong ager fechan 60 tunnell mewn darnau, fel y gallai'r cenhadwr hwylio ar afon Zambesi a Llyn Nyasa.

David Davies oedd capten yr *Hetty Ellen*, a hwyliodd o Glasgow ar 19 Awst 1861, yn cludo nifer o deithwyr, gan gynnwys gwraig

---

[3] Gerald Morgan, 'The Aberystwyth Brig *Renown* 1816-1841', *Cylchgrawn Llyfrgell Genedlaethol Cymru*, XXVII, 3 (Haf 1994), tt. 291-298.

[4] Seiliwyd y paragraffau nesaf ar waith R. S. Craig, '*Hetty Ellen* of Aberystwyth and Doctor Livingstone', *Maritime Wales* 2 (1977), tt. 33-47.

David Livingstone. Cyrhaeddodd y llong arfordir de-ddwyrain Affrica ym mis Rhagfyr, ond nid cyn Chwefror 1862 y llwyddwyd i ddod o hyd i Livingstone. Dadlwythwyd darnau'r llong ager o'r *Hetty Ellen*, eu rhoi wrth ei gilydd a'i bedyddio'n *Lady Nyassa*. Yr oedd Livingstone yn ymwybodol o'i ddyled i David Davies, ac yn lle bodloni ar dderbyn ei nwyddau a dweud ffarwél, aeth i gryn drafferth i helpu'r *Hetty Ellen* i ddod o hyd i lwyth o goed fel y gallai elwa ar ei thaith yn ôl i Brydain. O'r diwedd dychwelodd y llong i Brydain yn Ionawr 1863, yn cario llwyth o siwgr o Mauritius i Fryste. Erbyn hyn yr oedd Mrs Livingstone wedi marw. Yn 1864 bu'n rhaid i Livingstone adael Affrica dros dro, a hwyliodd ei long fechan *Lady Nyassa* i Bombay, India.

Daliodd yr *Hetty Ellen* i hwylio am flynyddoedd, ond ni fu'n chwarae rhan yn hanes dynion mawr y cyfnod byth wedyn. Ymhlith y gwledydd a'r porthladdoedd yr ymwelodd â hwy yr oedd Jamaica, Pernambuco, Havana, Ghent, Rio de Janeiro, Stockholm, Malaga, Efrog Newydd, Bilbao, Hamburg, Antwerp, Alexandria, Smyrna, Napoli, Caer Gystennin, Demerara, Trieste, Lisbon, Genoa, Trinidad, Nassau, Dieppe, Fecamp, Caen, Messina, Oporto, Gibraltar, Iwerddon, Baltimore, Bayonne, Nantes, Madeira, Guadeloupe, Prince Edward Island; mae'r rhestr yn syfrdanol, a'r amrywiaeth llwythau yn ddi-ben-draw. Daeth i Gaerdydd ac i Abertawe, ond ni ddaeth yn ôl i Aberystwyth. Diflannodd ym Môr Iwerydd mewn storm yn 1881, a boddwyd pawb o'i chriw.

Greddf pob morwr yw ceisio osgoi bygythiadau'r môr. Fe fydd yn paratoi ar eu cyfer, ond yn gobeithio'n fawr na ddônt ar ei gyfyl. Ond y mae un brid o ddynion sy'n disgwyl amdanynt, sef gwŷr y badau achub. Gwnaed ymdrechion yn gynnar iawn yn Aberystwyth i baratoi cymorth i longau mewn trybini. Paratowyd system i saethu rhaffau o'r cei ger yr harbwr yn y 1830au, ac yn 1843 yr oedd bad achub yn yr harbwr, dan arolygiaeth yr harbwr-feistr, ond fe'i hesgeuluswyd. Yr oedd mwy o frwdfrydedd yn Aberteifi. Yn 1846 dechreuodd y bobl leol godi arian i brynu cwch, a gyrhaeddodd yn 1848. O fewn ychydig wythnosau, ar ddechrau 1849, hwyliodd y bad i geisio achub criw yr *Agnes Lee*, a oedd wedi ymddryllio ar y bar wrth aber afon Teifi. Yr oedd y tonnau'n enbyd, ac ni allai'r cwch nesáu at y llong, ond yr oedd dau ddyn yn glynu wrth y mast. Neidiodd capten y bad achub, George Bowen, i'r môr a llwyddodd i dynnu'r ddau yn ôl i ddiogelwch.[5]

Nid oedd pall ar frwdfrydedd pobl glannau afon Teifi. Ymhen blwyddyn arall drylliwyd y llong 298 tunnell *Thetes* ar y bar. Ymdrechodd y criw, dro ar ôl tro, i gyrraedd y fan. Oherwydd blinder bu'n rhaid rhoi criw newydd yn y bad achub, ac o'r diwedd llwyddodd i gyrraedd y *Thetes*, ond dim ond dau o'i chriw oedd yn weddill. Teimlai'r morwyr bod eu cwch yn rhy fychan, a hwyliwyd i Ynys Wyth i nôl cwch newydd mwy. Gwasanaethodd hwnnw am dair blynedd ar ddeg.

Erbyn 1861 yr oedd y Sefydliad Badau Achub Cenedlaethol Brenhinol (RNLI) yn ymddiddori ym mhroblemau Bae Ceredigion. Y bad achub cyntaf yn Aberystwyth oedd yr *Evelyn Wood*, a fu yno o 1861 hyd 1876. Ni fu'n weithgar iawn; tair gwaith ar ddeg y bu galw amdani, ac achubodd un ar bymtheg o fywydau. Yn 1864 yr oedd y sefydliad wedi sicrhau badau achub yng Ngheinewydd ac ar draeth Poppit, ger Aberteifi, felly roedd tri bad yn gwasanaethu arfordir Ceredigion.

Cychod hwylio a rhwyfo oedd y rhain i gyd, ac mewn tywydd garw yr oedd yn rhaid dibynnu ar nerth bôn braich, gan y gallai hwyliau fod yn fwy o berygl nag o gymorth. Y mae brodorion hynaf Ceinewydd yn cofio'n dda am y bad achub *William Cantrell Ashley*, y bad achub olaf ym Mhrydain i ddibynnu'n llwyr ar ei

[5] Gw. David Jenkins, 'Aberystwyth Lifeboat Station' yn Marise Harris (gol), *Aberystwyth Old Town Guide* (1994), tt. 15-17; S. C. Passmore, *op. cit.*, tt. 70-72; W. J. Lewis, *The Gateway to Wales: A History of Cardigan* (1990), tt. 55-56.

rwyfau. Gwasanaethodd yn y Cei hyd 1949. Gyda diflaniad llongau masnach o afon Teifi rhwng y ddau ryfel, daeth oes y bad achub i ben (yn 1932), ond gyda datblygiad y diwydiant twristiaeth, cynyddodd yr angen eto ar hyd yr arfordir. Ailagorwyd gorsaf traeth Poppit yn 1971 i wasanaethu de Ceredigion, gan ddefnyddio un o'r aer-gychod (*inflatables*). Yr oedd cwch o'r fath wedi dod i Aberystwyth eisoes yn lle'r *Aguilla Wren*, y tro cyntaf i hyn ddigwydd ar arfordir Prydain. Gosodwyd cwch o'r fath yn y Borth hefyd. Nid oes angen criw mor fawr ag oedd ar y badau achub mwy; maent yn hynod gyflym ac yn effeithiol iawn wrth achub cychod pleser, nofwyr a ysgubwyd ymhell o'r traeth, a phobl a ynyswyd gan y llanw.

Y mae badau achub Ceredigion wedi achub cannoedd lawer o fywydau dros y ganrif a hanner y buont yn gwasanaethu'r bae, a hyd y gallaf ddarganfod, ni fu un aelod o unrhyw griw farw wrth ei waith. Mae hynny'n syndod o gofio rhai o'r helyntion a fu. Cododd storm enbyd ym mis Medi 1889, a gwelodd rhywun long hwyliau fawr yn cael ei gyrru heibio i Dywyn i gyfeiriad y Patches, lle bas iawn rai milltiroedd o draeth Aberystwyth. Llong-lywydd y bad achub *Elizabeth Lloyd* oedd Thomas Williams, dyn a gadwai gychod pleser yn yr harbwr. Taniodd rocedi i wysio'r criw (radio personol a ddefnyddir heddiw, ond y mae llawer o bobl yn cofio'r hen drefn) i'r bad achub, a gedwid yr adeg honno yn yr adeilad newydd (a godwyd yn 1885; bellach mae'n stiwdio i'r BBC) yn Ffordd y Frenhines. Rhaid oedd gwthio'r bad i'r traeth a'i lansio, yn nannedd y gwynt a'r tonnau, ac erbyn i'r criw o bedwar ar ddeg gyrraedd yr oedd cannoedd o bobl yn sefyll ar Rodfa'r Môr yn gwylio'r ddrama.

Mor drwm oedd yr *Elizabeth Lloyd*, ac mor aneffeithiol y drol a'i cariai, fel yr aeth yn sownd yn y tywod a'r cerrig. Aeth degau o ddynion a myfyrwyr i'r traeth i helpu, gan wthio a thynnu, a chael eu gwlychu'n ddiferol cyn llwyddo, wedi hanner awr o ymdrechu, i gael y bad i'r dŵr. Yr oedd y pier yn hwy o dipyn nag ydyw heddiw, ac yn rhoi rhywfaint o gysgod rhag y storm, ond wrth i'r cwch ddod i ben y pier, cymaint oedd nerth y corwynt fel na allai'r criw fynd yn eu blaenau. Cafodd y cwch ei daflu yma a thraw fel corcyn, torrwyd rhwyfau, a gwelai Thomas Williams fod angen rhagor o help.

Neidiodd un dyn ifanc i'r môr a nofio i'r *Elizabeth Lloyd* er gwaetha'r perygl; ciliodd y bad yn ôl i gysgod y pier, a llwyddodd pedwar dyn arall, â rhwyfau newydd, i ddisgyn yn ddiogel iddi. Gyda'r atgyfnerthion hyn, ac er gwaethaf diffyg bwyd a gorffwys, llwyddodd y criw i dynnu'r cwch yn ddigon pell fel bod modd gosod hwyl. Erbyn hyn yr oedd yn dechrau tywyllu. Y llong oedd yn wrthrych yr ymdrechion glew hyn oedd y *Martlow*, o Nova Scotia, ac yr oedd dau ar bymtheg o ddynion a dwy wraig arni. Un angor yn unig a'i cadwai rhag cael ei gyrru fel y mynnai'r gwynt gan ei bod wedi colli'r llall a nifer o'i hwyliau. Er bod y gwynt yn peri problemau i'r bad achub wrth newid cyfeiriad, tynnwyd ef gan y llanw i gyfeiriad y llong, ac fe'i cyrhaeddodd tua chwarter wedi chwech, a llwyddo i gael rhai o'r criw ar ei bwrdd.

Ni fynnai capten y *Martlow* adael ei long; er bod ei chyflwr yn enbyd, credai y gallai oroesi'r tywydd, ond gofynnodd i Thomas Williams a fyddai'n fodlon i'r *Elizabeth Lloyd* aros wrth law rhag ofn cyflafan, a chytunwyd ar hynny. Gwyddai pawb y gallai'r ymdrech i ddychwelyd i'r traeth yn y Borth neu Aberdyfi fod yn beryglus tu hwnt, felly cytunwyd y byddai criw yr *Elizabeth Lloyd* yn aros yn y bad, wedi iddynt gael bwyd a diod gan gapten y *Martlow*. Yng nghanol y tywyllwch golchodd ton anferth dros y bad achub, ei thaflu ar ei hochr, ac ysgubo tri dyn i'r môr. Llwyddodd y criw i achub y tri a chael trefn ar eu cwch, ac wrth i'r storm ostegu, penderfynodd Thomas Williams ddychwelyd i Aberystwyth, gan fod y bad achub mewn mwy o berygl na'r llong fawr. Llwyddodd y criw i rwyfo trwy'r tywyllwch, gan gyrraedd y traeth erbyn un ar ddeg y nos. Un o'r criw, ac un o'r tri fu'n agos iawn at farw pan gawsant eu taflu i'r môr yng nghanol y tywyllwch, oedd David Jenkins; y mae ei ŵyr, o'r un enw, wedi bod yn un o'r mwyaf blaenllaw yn Aberystwyth yn cadw traddodiad glew y badau achub yn fyw.

MYNEGAI